# 子育てしながらフリーランス

カワグチマサミ

左右社

# 子育てしながら
# フリーランス

## 〈はじめに〉
# 子育てしながら「いい感じ」で働きたい！

こんにちは
イラストレーターの
カワグチマサミです
カワグチマサミ（37）
ズボラ
洗濯物
フリーランスになって
10年以上になります
小学生の息子と
夫と3人で
暮らしています
夫ユウタ（37）
人見知り
息子ソウ（8）
ゲーム大好き
漫画やイラストを
描いたり
マンガ
ズボラでもわかる
お金の
講師としてお話しさせて
もらうこともあります
イベント
ズボラ
フリーランス
ママの話
コラム
コラム
ズボラママ・ディズ
コレ1本でおいしい!
イラスト
ズボラ系イラストレーター
こんなふうに
いろんなお仕事を
させてもらってますが
ビシ
何より大切に
しているのは…
「いい感じ」で働くこと！
育児をしながら
好きなときに
好きな場所で働き、
大切な家族との
時間を過ごし
隙あらば
趣味のゲームや
漫画を楽しむ
ゲームBOX
これが、
私がフリーランスに
なった理由です

だけど
「いい感じ」で働くまでホント〜に、いろいろなことがあったんですよ…
私は産前からイラストレーターとして働いていました
デザイン事務所でちょっと働いたあとフリーに！
妊娠出産しても、変わらず働き続けようと思っていました
産後も育児しながら働きたいな〜
いいんちゃう
周りの人たちもフリーランス・会社員にかかわらず
みんな、働きながら子育てをしていたので
自分も、育児をしながら働くのは「当たり前にできること」だと思っていました
在宅ワークだし余裕っしょ
コツン
ところがどっこい
どす
こい
いざ妊娠して、出産してみたら…
何これ聞いてないいんだけどー!?
!?
ってことが次から次へと起こりました

妊娠中に
まさかの安静令
母子ともに危険って…？
軌道に乗っていた仕事を
泣く泣く断り
本当にすみません
すみません
想像を絶する産後の疲労
ネカセテクダサイ
アアア〜
アアアア
家事ができなくなり
家が荒れ
ゴチャァ
ヴっ…
夫とも、すれ違い
なんで
わかってくれないの
心も体も
ボロボロになりました

誰かにとって「当たり前」にできることでも
私にとっては、できないことがたくさんありました
生まれてきてくれた息子のソウちゃんは
ピョーン
ピョーン
ママ〜 おなかへったネン
とても可愛い
大切な、大好きな子どものために
もうすぐホットケーキできるよ〜
早く食べたいネンけど
仕事も育児も家事もちゃんとできる母でありたい
って、思ってたけど
ムリってったらムリ!!
理想
ポイ
子育てと仕事の両立なんてムリムリィー!!
夫：朝早くから夜遅くまでお勤め
ってことを前提に考えないとムリやでぇーー!!
すぐ食べれておいしいバナナサイコーやネン

本当は、誰かに相談したかった
子育てしながらフリーランスで働く方法を知りたかった
子育てフリーランスの人の話を聞きたかった
それは、フリーランスで働き続ける今も思うことです
いてっ
フリーランスママ カワグチ
そこで、その想いを
「子育てしながらフリーランスで働く方法がわかる本」が欲しいー！
おーーい
誰か作ってー!!
かたくるしくないやつ!!
SNSで発信しました
すると、
私も育児中です フリーランス 興味あります
そういう本欲しいです！
作ってください！
出版しましょう！
同じ気持ちの人がたくさんいたのです
マジ!?
この本は、そんな子育てフリーランスの
いつから働きやすくなった？
子どもの預け先はどうした？
何から始めたらいいの？
仕事ができなくなると焦っちゃう
家事が楽になる方法を知りたい！
営業ってどうするの？
「知りたい」を詰め込みました

経験や知識は
フリーランスとして活動する方法を
知るためのヒントになります
ですが、「いい感じで働く」方法は、
人それぞれ違います
週3で
のんびり
働くのが理想
月収20万円は
稼ぎたいなぁ
在宅ワークで
好きな時間に
好きな場所で
働きたい
隙あらば
ゴロゴロしながら
働きたい！
はいっ
育児も、仕事も、体力も、
みんなバラバラだからです
あなたは
どんな場所で
どんなふうに
どんな仕事をして
働きたいですか？
今は
答えられなくても
大丈夫！
この本と
一緒に、
あなただけの
「いい感じの働き方」を
見つけに行こう！

## 序章

# フリーランス、子どもができたらどうなるの？



## 第1章

# 子育てフリーランスこそ「ワクワク」ワーク！

第2章

# 子どもが小さいときはフリーランス準備期間

第3章

# 子育てフリーランスのがんばりどころ

# 第4章 家庭との「いい感じ」のバランスをめざして

第5章

# 子育てフリーランスのリアル

インタビュー

序章

# フリーランス、
# 子どもができたら
# どうなるの？

# フリーランスってどんな働き方？

「自由に働けるフリーランス！」「これからは組織ではなく個人の時代！」

近年は在宅ワークをする人たちも増え、このような声をよく聞くようになりました。

事実、２０２１年現在、フリーランス人口は、２０１８年の１１５１万人と比べて、５００万人以上増加していると言われています。コロナ禍をきっかけに、子育てをしながら家で仕事するフリーランスの働き方に興味を持つ人も増えたのではないでしょうか。

ただ、実際のところ、「フリーランス」という言葉は知っているけど、正確な意味は知らない、という人も少なくないと思います。

私自身、フリーランスで活動を始めて10年以上になりますが、正直、なんとなく「イラストレーターといえばフリーランス！」というノリで開業しました。

今さらですが、本を書くにあたって、ちゃんと調べました。一言で言うと、フリーランスとは、**「会社や団体などに所属せず、仕事に応じて自由に契約する人」**のことです。その名の通り、自分でクライアントや働く場所を選ぶことができる、「自由」な働き方が特徴。開業届を出していれば「個人事業主」と呼ばれることもあります。

## フリーランスのメリット・デメリット

フリーランス向けの本をを書いている私が言うのもなんですが、正直なところ「フリーランスサイコー！　みんなやるべきー！」とは言えません。フリーランスの働き方には、メリットもあればデメリットもあるからです。具体的には、たとえば以下のような点が挙げられます。

### フリーランスのメリット

・働く時間や場所を自由に決めることができる
・自分の得意なこと、好きなことを仕事にできる
・仕事の成果はすべて自分の報酬になる
・人間関係に悩まされることが減る
・家族のライフステージに合わせて働くことができる

## フリーランスのデメリット

・トラブルはすべて自分で対処しなければいけない
・収入が不安定
・自己コントロール能力が必要
・初期投資にお金がかかる
・老後の心配がある

この本では、そんなフリーランスの中でも、「**子育てをしながらフリーランスとして働くこと**」についてお話しします。

フリーランスになる前、独身時代の私は、デザイン事務所を転々としていました。デザイナーとしてのスキルはからっきしだったので、いつも下っ端。年収は200万円もなく、ひとり暮らしもしていたので、「フリーランスのイラストレーターになって稼ぐぞ～！」という、熱い思いを抱いていました。

当時は、ちまたに溢れるフリーランス系の本やセミナーも、「ガツガツ働いてお金を稼ごう！」というノリのものが多かったと思います。私もそんな本の影響を受けて、営業をどんどんかけて、仕事を請け負いました。

**しかしそんな働き方は、独身のころまで。**子育て中のフリーランスは、独身時代と同じようには働けません。「フリーランス」と「子育てフリーランス」は、あんぱんとチョコパンみたいなものです。食べるまで中身がわからないのと同じように、自分がその立場になるまで、その実態はわかりませんでした。

子どもを生んでから、私は、産前と同じように働けないことに焦りを感じました。でも、今思えばそれは自然なことなんです。「親」という、子どもの命を守り育てる大きな仕事を担っているのですから。もちろん、ガツガツ働くフリーランスが悪いというわけではありません。独身の頃の私がそうであったように、その時しか学べないことは確かにあります。ただ、すべてを真似しようしなくていいんです。他のフリーランスの人たちと比べて「自分は同じように働けない」と落ち込まなくても大丈夫です。子育てフリーランスには子育てフリーランスに合った働き方がありますからね。

## 子育てフリーランスの特徴

### 働く時間が限られている

子育てが始まると、子どものお世話や、家事の増加などで、一日中ガッツリ働くことができなくなります。ただ、働く時間は自由なので、家族のライフスタイルに合わせて調整して働くこともできます。

### 条件が厳しい仕事はできない

独身の頃はどれだけ厳しい案件でも引き受けていましたが、出産以降は、納期が短かったり、量が多かったり、無理をしないとできないような仕事は断るようになりました。そのかわり、納期が厳しくない個人や中小企業からの案件、安定した連載の仕事に力を入れるようになりました。そうすることで、独身時代よりも質の良い仕事が増えました。

### 長距離移動が難しい

子どもが幼稚園や小学校に上がるまでは、預けられる人がいないので遠出の出張や取材に行けなくなりました。ただ、最近ではオンラインが主流になったので、以前より手軽に打ち合わせに参加できるようになりました。

### 食いっぱぐれるリスクが低い

フリーランスは、金銭的に安定しないというリスクがつきものです。

ですが、共働きの場合はリスクが低くなります。我が家も、子どもが小さい頃は会社員の夫に生活の基盤を守ってもらい、子どもの成長とともに仕事量を増やしていきました。

### 子どもに「働くこと」を身近に感じさせられる

親が楽しそうに仕事をすることで、子どもは「働くこと」にいいイメージを持つようになりますし、「将来どんな仕事をしようかな」と考えることで、勉強や習い事も主体的に取り組むようになります。将来、子どもが好きな仕事をして幸せに生きられるように、という意味でも、親である私自身がまずそれを体現していきたいと思っています。

デメリットを踏まえても、いつでもどこでも働ける自由度の高いフリーランスと、いつ何が起こるかわからない育児との相性はいいと思います。デメリットに対して、どれだけリスクを抑えられるか、どのような対策を練っていくかもフリーランスのテーマですね！

## フリーランスでできる職業例

### クリエイティブ系

ライター、ブロガー、コピーライター、翻訳家、編集者、校正者、グラフィックデザイナー、Ｗｅｂデザイナー、イラストレーター、漫画家、カメラマン、映像クリエイター、インテリアコーディネーター、ハンドメイド作家など

### 事務系

オンライン秘書、カスタマーサポート代行、データ入力・文字起こしなど

### エンジニア系

プログラマー、ＩＴエンジニア、ＣＡＤオペレーター、データアナリストなど

### 接客系

ヨガインストラクター、スポーツトレーナー、メイクアップアーティスト、料理講師、マナー講師、セミナー講師、コンサルタント、占い師、カウンセラー、コーチなど

### その他

ファイナンシャルプランナー、マーケター、アフィリエイター、ネットショップ運営、コミュニティマネジャー、ウーバーイーツの配達パートナーなど

# フリーランスで働くことはRPGゲームに似ている

SNSを見ていると、フリーランスで活躍している人たちがたくさんいます。フォロワーがたくさんいたり、誰もが知っている有名企業と仕事をしていたり……。そういう人たちを見ると、「飛び抜けた才能がないと難しいのかな?」と思ってしまうかもしれません。特に子育て中の人たちは、時間も限られているので、焦りやもどかしい気持ちがあると思います。私もそうでした。

**ですが、目立つ彼らはRPGで言うならば、レベル99の勇者。**魔王を倒してるようなものです。でも彼らもみんな、駆け出しの頃はレベル1からスタートしています。

職業を決めて、武器を調達し、仲間に出会い、弱い敵を倒し、その稼いだお金で武器を強化し、さらに敵を倒し続け、最終的には魔王を倒す。

これをフリーランスのデザイナーに置き換えると……

フリーランスのデザイナーとして働くことを決めて、最低限のパソコン環境を整えて、同業仲間やクライアントに出会い、小さい仕事を受けて、その収入でさらにいいスペックのパソコンを買ったり、スキルアップして、有名企業の仕事を受けることができる、という感じ。

最初から魔王を倒すことはできません。**コツコツと、小さな仕事をこなしつつレベルをあげていく。**

職業も勇者だけじゃありません。戦士、僧侶、魔法使い、商人、賢者……。自分の得意な、好きな職業を選ぶことができます。みんなが目立つような勇者にならなくても大丈夫です。むしろ勇者みたいな人気の職業より、穴場を狙った職業の方が食べていけるかもしれません。

私も、妊娠、出産、子どもが小さくて手がかかる間は、**ビジネス書を読んだり、絵の練習をしたりしていました。**ＲＰＧでいうなら、村に留まり武器を強化していました。子どもの成長とともに、仕事のレベルも上げていき、今は最新家電を購入して家事時短する「武器強化」にハマっています。

第1章

# 子育て
# フリーランスこそ
# 「ワクワク」
# ワーク！

## 妊娠・出産で考え直した私らしい働き方

赤ちゃんの成長とともに、
私の体にも変化がありました
ぐぇ〜
つわり
スヤ〜
眠気
ズウゥン
情緒不安定
バンッ
トイレが近くなる
ぐる
ぐる
人混みがつらい
くっさー
匂いに敏感
でも、自由度の高いフリーランスは、
妊娠中の体の変化にも無理なく
対応することができました
はー どっこいしょーい
眠い〜
ちょっと休憩してから
働こ〜
「安定期になったら安心」
もう少ししたら仕事も
普通にできるよね
私はそう思っていました
しかし、
妊娠6ヶ月の検診のとき、
医者から思いも掛けない
言葉を告げられました
もしかすると
低置胎盤かも
しれません
しばらく
安静に
過ごしてください

どういうこと…?
それって、仕事もセーブしないといけないってことですか?
そうですね トイレとお風呂以外は できるだけ 動かないでください
何かあったら 母体にも リスクがあるので
……
そんなに大変なんですか?
まだ本当にリスクがあるかわからない状況ですが
出産までは「念のために」を心がけることが大切です
何かあったらすぐに連絡してください
できるだけ残業しないで帰れるようにするわ

自分の親も、周りの人も出産してるから普通にできるものだと思ってた
妊娠出産って、当たり前のことじゃないんだ
お母さんは、命をかけて赤ちゃんを生むんだ…
医者から絶対安静と言われたあと、私はすべての仕事を断ることにしました
ご迷惑おかけしてすみません…
駆け出しの頃から続けていた案件もこれから挑戦したかった仕事もすべて…
それから数ヶ月間、一日中ベッドの中で過ごしました
仕方ないってわかってるけどつらいな…
家の中でじっとしていると、不安な気持ちはどんどん大きくなりました
何かあったらどうしよう
赤ちゃんに何かあったら
うぅ〜
私だって危ないかもしれない
もう二度と仕事ができなくなったらどうしよう

モャァ..
妊娠したことは嬉しいけど
頑張ってきた仕事がなくなってしまったのは悲しい…
あ、今の私、なんかすごくいやだ…
こんなに大変な時に、仕事のことを考えるなんて
なんて自分勝手なお母さんなんだろう
こんなんで私、赤ちゃんをちゃんと育てられるのかな
私はどんどん、不安と自己嫌悪の渦へ落ちていきました
グルグル
ブクブク
ガチャ
ただいま
ごはん買ってきたで
なんとか残業なしで帰ってこれた…

ズコオォン
ウワッ
また悩んでたん？
だって不安が
次から次へと
溢れてくるんやもん
ビックリしたー
ニチャアァ
大丈夫って
思ってた方が
大丈夫！
無理して
励ますな!!
夫が私につられて
不安に落ちない人でよかったと思います
ゴソ
はじめての料理
！
その本…
赤ちゃんにいいもの
食べさせてあげんとなーと思って
料理なんて
作ったこと
ないくせに!!
誰に体のっとられた!?
のっとられてない
ほら
ご飯食べるで
はじめての料理
うちの親も安産祈願に
行ってきてくれた
みたいやで
おかん
神社でお守りを
もらってきました。
足がガクガクします。
今度会ったときに
渡します。
マサミさんによろしく。
険しい道のりの
神社だった
らしい
安産
お義母さん…
私と同じで
家が大好きな
引きこもり
なのに…

出産は、お母さんが
命がけで頑張ること…
それは変わらない
だけど、出産は
私ひとりだけのことじゃない
家族みんなに
関わることなんだ
不安になることは
仕方ないけど
不安になろうと
するのはやめよう
仕事も
なくなっちゃったけど
産んだ後
また頑張ろう！
今は
元気な赤ちゃん
産むことだけ
考えよう！
そのためにも
ゲームする！
寝ながら
そうや
そうや
そうか
母としての覚悟が
できた瞬間でした
そして
出産予定日より
1週間早い日
ズキン
モグモグモ
なんか、
陣痛っぽいの来た？
俺に
聞かれても……！
タクシー呼ぶわ！
↑出産前お肉が食べたくなる説
病院に
行ってみると…
○△産婦人科

ー出産直前の検診ー
低置胎盤になってませんね
少しずつ良くなってるとは思ってましたが
よかったですね！
ええっ！そんなことってあるーー!?
出産って本当に何が起こるかわからへんのやな
子宮口も少し開いてるのでこのまま入院しましょうね～
はい～
優しそうな助産師さんで安心～
陣痛初期は軽い生理痛くらいの痛みででした
今から生みまーす！
パシャ
出産って、思ってたより余裕～このままポコっと出せちゃうかんじー？
へへへー
その6時間後陣痛が5分間隔になりました

痛い痛い痛い痛い痛い痛い
あああああああああ
無理無理無理無理無理無理
あ゛あ゛
あ゛あ
ガ゛ア゛ッ
数時間前とは比べようもない
痛みが襲ってきました
まるでハンマーで子宮を殴られているような痛み!
ギヤ゛ア゛ア゛ア
ゴッ
ゴッ
ゴッ
サス
さすってえええ!!
止めないでえええ!!
陣痛の感覚が2分になると…
うわっ昼に食べた焼肉が…
大丈夫ですよ〜全部出しちゃってくださいね〜
↑天使かよ
元ヤキニク
耐えられないほどの激痛が襲ってきました

カワグチさん、子宮口が開きましたよ～
分娩台に移動しましょう～
出る
そのとき、お腹に「何か」出てきそうな違和感をおぼえました
はーい赤ちゃん、出しましょうね～
違う、そうじゃ
ギャヒィィャ
ない…
？
赤ちゃんじゃないナニかが出そう
ヒィ
途方に暮れかけた私に、助産師さんは…
大丈夫
全部出しちゃってください
笑顔で承諾してくれました
※痛みのあまり幻覚化

いいんだ!
いいのか?
私はいろいろと覚悟を決め、分娩室に運ばれました
はいっ
ヒッヒッフゥー
大きく息を吸って吐いてください!
赤ちゃんも頑張ってますよ!
そうだ 頑張ってるのは私だけじゃない
赤ちゃんも一緒にずっとずっと頑張ってるんだ…!
フゥウウウンンンンッッ

分娩室に移動して1時間後
カワグチさんッ生まれましたよ！
ハァ
ハァ
ハァ
ハァ
ハァ
ふぇ…
ホギャア
赤ちゃん、だ…
お母さんに抱っこしてもらおうね
ホギャア
ホギャア
泣きやんだ…！
ピトッ
す～
す～
生まれたばかりなのに私がお母さんってわかるのかな？

陣痛から10時間後
生まれてきてくれて、ありがとう
ソウちゃん
無事に赤ちゃんと会うことができました
頑張ってくれてありがとうもう痛くない？
パァァ
うんスッキリ！全部出たよ☆
全部…？
あれほど痛かった陣痛は、産んだ瞬間になくなりました
お股を縫われた時は痛かったけど、陣痛よりマシでした
いてっ
フーッ
赤ちゃんも無事に生まれたし、ようやく日常生活に戻れるわ～
この時私は、出産が終わりであり始まりであることをまだ知りませんでした

ー産後1ヶ月ー
痛い・眠い・休みたい！
ホギャアァァ
なんで泣きやまへんの…
妊娠していた頃より、眠れない日々を過ごしていました
ゲッソリ
1時間おきに
母乳
ミルク
おむつ
股の痛み
授乳による
乳首の痛み
イタタタタイ
ギ〜ラ
ギ〜ラ
乳腺炎
胸が張る
寝たくても
寝れない
ホルモン
それでも赤ちゃんはかわいい…
あ、お手手動いた
スヤスヤ
小さくてかわいいね〜
ていうか小さすぎん？
スヤスヤ
ずっと寝てるし大丈夫？
しかし、初めての育児は、可愛がる余裕よりも、不安な気持ちの方が上回っていました
フォォォ
心配すぎる…！
私が、守らなきゃ！

私は産後がここまで大変だった
なんて知らずに、すぐに復帰すると
先方に伝え
妊娠中に引き続き、迷惑かけちゃったなぁ…
代理の人はこちらで探します
編集
あぁ
結局、復帰できず
延期することにしました
だってテレビで有名人が
復帰しました〜
へ〜
そんなもんなんだ
って、
んなわけないやろ!!
有名人と一緒にしたらアカン
産後は時間にも体力にも限りがあるし予定通りにことを進めるのは難しい
その点では、自由度の高いフリーランスの働き方と相性はいい
だけど…!
バリバリ働くフリーランスの働き方は、育児中には通用しない!
フリ〜ランス育児
子育てしながらフリーランスで働く方法を見つけなきゃ!
!!

私は、どんなふうに働きたい？
育児をしながらでも好きな仕事をして働き、
めちゃねとる
いいにおいするな…
スピャ〜…
大切な家族との時間を過ごす
この子が大きくなったとき、「働くことって楽しいんだよ」って伝えられるような仕事をしたい
育児中だからこそワクワクする楽しいと思える仕事をしたい！
っていうか、
それくらいポジティブな理由ないと、育児しながら働く気でんわ!!
ズビシッ
ドヤ顔かましとるけども!
そんな「いい感じ」で働くママになるからね！
あう

# なにがなくとも自己分析！

フリーランス道は、終わりがない旅路です。楽しい旅をするつもりが、いつの間にか、思っていた場所と違うところで迷子になってしまうこともあります。

私も、何度もありました。フリーランスのノウハウを学ぶぞ！と思って、とあるセミナーに参加したら、夢が叶うという水を売り付けられたこともありました……。

その度に、立ち止まって、自分で決めた地図を広げて確認しています。

## 自分だけのフリーランス地図を描こう！

これは私が、子どもが生まれたあとにメモをしたビジョンです。

### どうしてフリーランスになりたい？

・飽き性だから好きな時間に好きな場所で働きたい

・家族や趣味の時間を大切にしたい
・好きなことを仕事にしたい

**どんな仕事がしたい?**
・イラスト、漫画を描く仕事をしたい
・クスっと笑ってもらえるようなエッセイ漫画が描きたい
・子育て中の人が、好きな仕事をできるようにサポートをしたい

**どんな働き方がしたい?**
・週4~5、1日6時間くらい
・家族や趣味の時間を大切にできるくらい
・子育てをしながら「いい感じ」で働けるくらい

**3年後はどんな暮らしがしたい?**
・趣味や好きなものをお金を気にせず買えるようになりたい
・家族で年に2回以上旅行に行きたい

・子どもがやりたい習い事を自由にさせてあげたい

**どれくらい稼ぎたい？**

・月に20万円以上稼ぎたい

**人生や仕事で大切にしたいことは？**

・家族との時間
・ワクワクすることをし続けて、身も心も健康でいる
・自分の気持ちや周りの人を大切にできるような働き方をする

**そのために、あなたは今、何ができる？**

・ブログで絵と文章を書く練習をしつつ発信する
・ホームページ、名刺などの営業ツールを作る
・理想の働き方をしているフリーランスの人を探す

こんなふうに、理想のフリーランス像をスマホのメモに書いて、いつでも読めるように

しています。あなたも考えてみてください。

**どうしてフリーランスになりたい？**
**どんな仕事をしたい？**
**どんな働き方がしたい？**
**どれくらい稼ぎたい？**
**3年後はどんな暮らしがしたい？**
**人生や仕事で大切にしたいことは？**
**そのために、あなたは今、何ができる？**

小さい目標でも大丈夫。どんな大きな夢も始まりは最初の一歩から。あなただけのフリーランス地図にあるゴールを目指して、今できることを考えて、行動してみてください。そして迷ったときは、この地図を広げて自分の道を確認してくださいね。

## 理想のフリーランス像を見つけよう！

「どんなフリーランスになりたいか？」のイメージができたら、次は、その目標に向かって、どんな方法で進んでいくかです。

ここでは、あなただけのフリーランスになる方法を見つけたいと思います。

そのために、**自分の理想の働き方（生き方）と似ている人を3人以上見つけてみてください。**自分の理想の未来を、すでに形にしている人を見つけて、その人がどういう方法でフリーランスで活動するようになったのかを分析して、ヒントにさせてもらいます。

複数のクリエイターのいいところを取り入れて、ブレンドをするイメージです。マネできないところは取り入れなくてＯＫ！　それがあなたのオリジナルになります。

ポイントは「3人以上」見つけることです。ひとりだけを理想にすると、盲信してしまいやすいからです。誰かを「尊敬」ではなく、「盲信」してしまうと、その人の限定的な情報しか取り込めなくなってしまいます。それだと、うまくいってもその人の二番煎じに

なってしまいます。

もうひとつ大切なことがあります。あなたにとって理想の働き方をしている人でも、あなたとその人は同じ人間ではありません。今まで育ってきた環境も、考え方も、友人関係も、やりたいことも、違うはずですからね！

誰かを完全コピーするのではなく、あくまでもヒントにして、自分の環境や考え方を通してアレンジし、「自分だけのフリーランスの地図」を作りましょう。

私も実際、数人の理想のフリーランスの人の働き方を参考にさせてもらいました。

例えば……

イラストレーターAさん…主に有名企業の広告イラストを描いていて、ブログと著書でイラストレーターとしての活動のノウハウを発信。

**＝イラストレーターになるためのスキル、仕事の方法、考え方を学ぶ。**

WebデザイナーBさん…小さい子どもを育てながら、フリーランスで働いている。現役Webデザイナーでありながら、講師業もしている。

**＝育児と家事の両立など、育児をしながら「いい感じ」で働くスタイルを参考にする。**

漫画家Cさん…出版以外にもWebやSNSなど幅広いジャンルで漫画を描いて活動している。ブログで仕事の取り組み方などを発信。

**＝漫画家として活動するためのスキル、SNSでの漫画の発信方法などを学ぶ。**

### どうやって探す?

私は、主にSNSと書籍で見つけました。「理想の働き方をする人」を見つけるポイントは、その人の「実績」を見ることです。時間とお金を無駄にしないためにも、その人の実績が自分のやりたいことと一致しているか、確認してみてくださいね。

# 理想的な仕事をするための3つのポイント

理想のフリーランスの地図を描いたら、次は、その理想が叶うように、あなたの武器である「強み」を見つけましょう。

フリーランスとして理想的な仕事をするポイントは3つあります。
それは、**「ワクワク」「スキル」「ニーズ」**です。

≫ **あなたが「楽しい」「嬉しい」と思う瞬間はいつですか？**
「ワクワク」する気持ちは、フリーランスで働くための「原動力」になります。

≫ **あなたの「できること」「得意なこと」「学んだこと」は何ですか？**
「スキル」は、フリーランスの「本質」になります。

## ≫あなたは、どんなときに、褒められたり、頼られたり、感謝されたりしますか？

「ニーズ」は、仕事や、社会との「繋がり」になります。

この3つをかけ合わせることで、自分だけのオリジナルの価値が生まれます。

すぐに答えられなくても大丈夫です。ここから一緒に、ワクワク、スキル、ニーズを見つけていきましょう。

「え、そういう自己分析ってめんどくさい」って思いましたか？

私は思いました。そんなことより、「仕事が欲しい！」「お金が欲しい！」と思った私は、自己分析をする過程をすっ飛ばして、営業や発信ばかりをしていました。

そのやり方で、いい成果はあげられませんでした。

**オリジナルを明確にすること。**

結局、それが一番の近道になります。

私のようにめんどくさがりな人こそ、ワクワク、スキル、ニーズを見つける過程を大切にしてください。

## 「ワクワク」の見つけかた

「好きなことや得意なことで、仕事なんてできるの？」と聞かれることがあります。

私も、駆け出しの頃は「絵を描いて食べていくぞ！」と思いながらも、壁にぶつかるたびに、「やっぱり好きなことで食べていくのは夢物語なんだ……」と落ち込むこともありました。

ですが、フリーランス歴10年以上を経て実感することは、**「フリーランスは、好きなこと、得意なことじゃないと、続けられない」**ということです。

フリーランスは自由度が高い分、自発的に取り組まないといけないことがたくさんあります。情報収集をしたり、スキルアップのために勉強したり、イベントや交流会に参加したり、お金の交渉をしたり……やることがいっぱい！

そして、一生懸命取り組んだことでも「すぐに」成果が出るとは言えません。

ズボラな私は今でも、確定申告や請求書を作ることが苦手です。絵を描く仕事以外のことは「めんどくさい」と思ってしまいます。

だけど、そんな私でも、10年以上、フリーランスとして活動できています。

その理由は……**「ワクワク」する時間があるから**です。

絵を描く時間は夢中になれるし、自分の絵で、誰かが笑ってくれる時間が幸せです。この「ワクワクする時間」があるから「めんどくさい時間」があってもいいや、と思えます。

「そんなにワクワクすることなんて、私にはない」という人もいるかもしれません。

大丈夫です。

どこかの最強の宇宙人が世界を救うようなシチュエーションで「おらワクワクすっぞ！」って言うような、壮大な「ワクワク」じゃなくていいんです。小さなワクワクを見つけて、それを、スキルやニーズと一緒に育てることで、仕事に繋げていくことができます。

例えば、私のワクワクの始まりは、大好きな祖母が絵を描く時でした。

小さい頃、私の両親は仲が悪く、家庭はいつもドンヨリとしていました。ですが、祖母が家に来て、絵を描いてくれる時だけは楽しい時間を過ごしていました。祖母は、私がリクエストしたものを、絵にしてくれました。白いキャンバスの中に自由に世界を作る。その様子に、私は憧れ、ワクワクが止まりませんでした。

**「私も、自分が描いた絵で、自分や誰かの世界を明るくしたい」**

そう、思いました。

イラストレーターになることは周りに反対され、美術系の大学には行けませんでした

が、独学で絵を描き続けました。スキルとニーズは、ワクワクがあれば、行動次第で、後からついてこさせることができます。

このように自ら進んでやっていたことは、ワクワクのヒントになることが多いです。ワクワクがわからない人は、**子どもの頃、自分がどんなものに興味を持っていたのか？　どんなときに、楽しいと感じていたか？を振り返るといいと思います。**

ですが、このワクワクのアンテナは大人になっていくほど鈍くなってしまいます。疲れているとき、頑張りすぎているとき、自由な時間がないとき、自分の心が、何に対して楽しいと感じるのか、わからなくなってしまうことがあります。

子育て中がまさにそうです。

育児は子どもの命や将来も関わるものですから、自分より子どもの時間を優先するのは仕方ないことです。私も、慣れない育児でテンテコマイの時は、ワクワクアンテナが鈍っていました。

さらに、育児をしていると、周りや自分が作ってしまった「理想のお母さん像」にとらわれ、必要以上に「頑張ることが当たり前」と、思いこんでしまうこともあります。そうなると、自ら「ワクワク」することから遠ざかってしまう人もいます。

なので、そのワクワクアンテナを、少しずつ育てていきましょう。まずは、小さなワクワクを見つけることから始めるといいと思います。

例えば、「今日はコーヒーと紅茶、どっちが飲みたいかな?」とか、「どこのカフェに行こうかな?」とか、「好きなアロマオイルをたいてみよう」とか。そういう小さな「ワクワク」な行動をしていると、大きな「ワクワク」が少しずつわかるようになります。

他にも「ワクワク、スキル、ニーズがわかる」ワークをこのあとのページに書いているので、実践してみてくださいね。

## 「スキル」の身につけ方

「スキル」とは、「自分ができること」「得意なこと」「学んだこと」です。

ワクワクが、フリーランスの「原動力」ならば、**スキルは、フリーランスの「本質」です。**営業や発信も大事ですが、スキルが足りていなければ、どれだけ頑張っても、いい成果が出ないこともあります。

ワクワクと同じで、「スキルなんて自分にはないよ～」という人も多いです。

しかし、そう言う人のお話をじっくりと聞くと、自分のスキルに「気づいていない」人がほとんど、ということがわかりました。

例えば……学生時代からのママ友は、育休中に趣味のお裁縫を始めました。コロナ禍でマスク不足のときは、私と息子の分まで作ってくれました。しかも、とてもオシャレな生地で、呼吸もしやすいマスク。

「これはすごいよ！　お金を払うよ！」と言うと、彼女は、**「いいよ～こんなの簡単に作れるから～」**と言いました。

いえいえ、それ逆にすごいですから！　私みたいな不器用な人間からしたら、マスクを簡単に作るなんてとんでもない神業です。

もちろん趣味として楽しむのも素敵なことです。私も、ゲームは趣味で思い切り楽しんでいます。ですが、自分の好きなこと、得意なことでお金を稼ぐのには、実際に体験してみて初めてわかる楽しさがあります。

その友人はもともとフリーランスの働き方に興味があり、別の仕事のための資格の勉強もしていました。その様子を見て、私は彼女に、「それなら一度、気軽な気持ちで、ハンドメイドアプリで販売してみたら？」とお勧めしました。すると、友人が作ったマスクやヘアアクセサリーは、すぐに売れました。

まだその仕事一本で十分な生計を立てているわけではなくても、**目の前にある仕事ひとつひとつに取り組むことで、スキルは確実に上がっていきます。**

彼女のように、実際にやってみて初めて、自分の想像を超えた体験ができることもあります。とにかくやってみないと何も始まらないし、何もわからない。やってみて、違うなと感じたら、やめたらいいのです。安定するまでは、他の仕事と掛け持ちしてやるのもいいですね。

このように、**「得意なこと」というのは、自分では当たり前にやっていることが多くて、本人が気づいていないことがあります。**

もし、誰かに「すごいね！」「頼りになるね！」と言われることがあれば、「そんなことない」と否定する前に、「そうかも……？」と受け止めてみてください。それはあなたの得意なこと、スキルに繋がるかもしれません。

## ①その業界のプロから学ぶ

先ほども書いた通り、今の時点で得意なことがなくても、ワクワクの原動力が伴えばスキルを育てることができます。

とはいえ、ワクワクする気持ちだけ持っていても、行動しなければ、スキルを育てることはできません。じゃあ、どこで、どうやって、スキルを伸ばすのか。

私がスキルアップに役立ったと実感したことを3つご紹介します。

## スキルはどうやって伸ばすの？

「雑誌の仕事をしたい」と思っていた私は、自分と「似ている」イラストレーターで活躍している人を数人探しました。その人の作品を模写し、色彩や、レイアウトを勉強しました。**すでに活躍している人の作品は、やはり活躍するだけの理由があります。**不思議なことに、いろんなイラストレーターの模写や分析を繰り返すうちに、自然といいとこ取りをしつつ、自分のオリジナルタッチが安定しました。

私がよく通っている腕のいいマッサージ師の先生も、お休みの日は人気のマッサージ師の人を探して、施術を受けて、勉強されているようです。

また、同じ業界のプロの方の本やＷｅｂ記事があったら、その人がどのようにスキルを身につけたのか書かれていることもあるので、調べて読むようにしていました。

### ②ビジネス対象の人に作品（サービス）を見てもらい、感想を聞く

私は書籍や雑誌で絵を描くイラストレーターになりたいと思っていたので、営業のため、1日で3つの出版社に同じ作品を見てもらったことがあります。そのとき、違う出版社の編集者3人に、全く同じ意見を言われました。

「あなたの描く人物は目つきが悪い」

ガーン！

正直、自覚がなかったので傷つきました……。しかし**3人中3人に指摘されたので、これは改善する価値がある**と思い、キャラクターの目を可愛く描くようになりました。結果、家族向けの仕事の依頼が増えました（他にも理由はあるかもしれませんが）。

提供するサービスや商品、特に作品に関しての感想はそれぞれ主観的なものなので、傷つくようなことを言われる可能性もありますし、すべての意見を鵜呑みにしなくても大丈夫。ただ、**自分の思い通りの成果が出ていない時は、耳を傾けることも大切です。**

営業をかけにくい業種の人や、いきなりはハードルが高いと感じる人は、同業仲間や交流会などで意見を聞くのもいいと思います。

## ③ビジネス対象の人に作品（サービス）を使ってもらい、感想を聞く

駆け出しの頃、実績がなかった私は、友人の名刺や、ウェルカムボードのイラストなどを安く請け負って作品を増やしました。たとえ実績がなくても、安くても、**出来るだけお金はもらった方がいいです。**お金を支払うことで、相手側も感想や不満に思ったことを言いやすくなります。安く引き受ける分、感想をしっかり聞かせてもらうことが大事です。アンケート用紙を用意するのもいいですね。実際にサービスを提供した人からのリアルな感想はとても貴重なもので、改善すべき点がわかりスキルアップにも繋がりました。

## スキルアップのためにはスクールに通った方がいい？

「スクールに通ったほうがいいですか？」と聞かれることがありますが、もし、お金と時間にゆとりがあるなら、それもいいかもしれません。

私自身、絵は独学ですが、学生時代グラフィックデザインのスクールに通っていたことがありました。今でも、通ってよかったと思います。

ですが、育児中に学校に通えるか？となると、自信がありません。育児は何が起こるかわかりません。送迎が必要だったり、子どもが体調を崩したり……自由な時間を作るのは難しいですよね。また、学費を払うことで「通わなければ」とプレッシャーを感じ、余計

ストレスになってしまうかもしれません。

なので、子育てフリーランスの方は、まず独学で始めてみるのがいいと思います。

そもそも、**フリーランスである限り、「独学」をし続けないといけません。**

私は漫画やイラストを描く仕事をしていますが、絵を描くこと以外にも、ネタになりそうなニュースや記事には目を通します。ゲームをしたり漫画を読むときも、自分がどんなところに面白いと感じたのか、感動したのかを分析し、スマホアプリにメモして見返すようにしています。本を読んだり、資格の勉強をしたり、動画を見てテクニックを学んだり、ビジネスモデルになるようなクリエイターや起業家の人がセミナーを開催していたら参加したりします。周りを見ても、長く活躍されている人は、そうやって学び続けています。今の時代、インターネットがあれば、十分に独学は可能です。やってみて、やっぱり違うと思ったら、方向を変えるのも簡単です。一方で、最近は育児中の人たち向けに、良心的な価格で受講できるオンラインスクールなどもあるので、検討してもいいと思います。

## 「ニーズ」の見つけ方

この本をご覧いただければわかる通り、私の絵のスキルは、「なんて素晴らしい絵なんだ！」と言われるようなものではありません。実際、言われたことはありません……。

だけど、ありがたいことに、お仕事の依頼は絶えずいただいてます。それはなぜか？

**「ニーズ」があるから**です。

「ニーズ」があるとは、自分のサービスが誰かに「求められる」「喜ばれる」「感謝される」ということです。

いいお仕事をするために「ワクワク」と「スキル」は大事ですが、その2つだけではビジネスにはなりません。趣味や自己満足で終わってしまうこともあります。仕事として成り立たせるために必要なのは、**自分ができることで価値を提供し、それに見合ったお金をもらうこと**です。

実は私は駆け出しの頃、今とはまったく違うタッチでガールズイラストを描いていたことがありました。「イラストレーターといえばオシャレな絵！」と思い込んでいたのです。ですが、適当に描き始めた作品しかないので、ホームページに載せても、イラストエージェントに登録しても、仕事はまったく来ませんでした。私は、「もっと行動しなきゃ！」と、勢いで展示会に参加をしました。「展示会で賞をとって、有名になって、仕事をいっぱいもらうぞ〜！」と意気込んでいたのです。

タイムトリップできるなら、そのころの私に会いに行って、「なめてんのかオマエ！」

とデコピンしてやりたいです。案の定、私の絵は、受賞などするわけがなく、隅っこにひっそりと飾られて終わりました。

ただ、この展示会で、思いがけない出会いがありました。

打ち上げの席で、偶然にも、その展示会で賞をとった人の隣の席になったのです。受賞作品を間近で見せてもらい、衝撃を受けました。それは素人目で見てもとても美しく、ファッション性の高いイラストでした。

その素晴らしい絵を描いたイラストレーターさんに話を聞くと、彼女は画力アップの練習だけでなく、色彩検定の勉強をしたり、ファッション雑誌などで流行りのメイク、トレンドを欠かさずチェックしているとのことでした。

そのとき、私はようやく気づくことができたのです。「こりゃ勝てるわけない」と。

**結果を出す人は、目に見えないコツコツを積み重ねているのです。**

その人に、厳しい評価は承知の上でアドバイスをしてほしいと自分の作品集を見てもらいました。すると彼女は、作品集の最後のページにある、趣味で描いたパパイヤ鈴木さんの似顔絵を見て「ブフォッ！　カワグチさんは、コミカルなタッチが合ってると思います」と、アドバイスしてくれました（飲み物を少し吹き出しながら）。他のイラストレーターの人たちにもいろいろな意見をもらいました。

「このコミカルタッチなら展示会より出版社や企業に営業をかけた方がいいよ」

「ガールズイラストはニーズはあるけど、ライバルも多いからね～」

「てか、何でガールズイラスト描いてるの？」

ごもっとも。

自分はどんな強みがあるのか？　どんなところにニーズがあるのか？　何も考えていなかったのです。もちろん、ニーズだけでなく、スキルが足りないことも理由だったと思います。ですが、私が描いていて一番楽しいのは「コミカルな絵」でした。

それから、たくさん本を買ったりインターネットで調べたりして、コミカルタッチの絵が、主婦向け、家族向けの本や広告に多く使われていることに気づき、営業しました。**このように、私は同業の人、信頼する人に聞いて自分のニーズを見つけることができました。**

他にも、その人の性格や家族構成、住んでいる場所なども、ニーズに繋がることがあります。例えば、私の性格である「ズボラ」。**一見、ネガティブに聞こえるワードが、ニーズを作ることもあります。**「ズボラな人でもわかるお金の本」「ズボラな人でも作れる料理レシピ」「ズボラな人のダイエット」などなど。ちょっと、複雑ですけど。今でも、私の絵はどこに必要とされているのだろう？と常にアンテナを張るようにしています。

## ワクワク！自分発見ワーク

「ワクワク」「スキル」「ニーズ」をかけ合わせて、あなたの強みである「オリジナル」を確認するワークです！ 自分のオリジナルは探しにいくものではなく、あなた自身を観察し、「気づく」ものです。最初はめんどくさいかもしれませんが、日頃から自分発見をするクセをつけると、自分のアピールポイントやビジネスアイデアも湧きやすくなります。

### 「ワクワク」を見つけるワーク

・今やってみたいこと、チャレンジしてみたいことは？
・子どもの頃に夢中になっていたことは？
・飽きずに続けているものは？
・ついお金をかけてしまうものは？
・YouTube の履歴はどんなジャンル？

・本屋に行ったとき気になるコーナーは？
・あなたの憧れや理想の人たちの共通点は？
・疲れてたりストレスがたまったときにやることは？
・もし貯金が1億円あったとして、働くとしたらどんなことをしたい？

**ポイント**

書き出した答えに対して、なぜワクワクするのか**理由を掘り下げるほど、自分が本当にやりたいことに気づく**ことができます。

## 「スキル」を見つけるワーク

・今までで、家族や、会社の人、友達から褒められたことは？
・初めてやったことなのに、苦もなくできたことは？
・学生の頃（小中高大それぞれ）得意だった教科や学問は？
・大学や専門学校で専攻したものは？
・「お金もらったほうがいいよ」と言われたことは？

・「詳しいね」「頼りになる」と言われたことは？
・誰かに対して嫉妬したこと、その理由は？
・同業仲間や、友人に自分の「得意なこと」を聞いてみよう

**ポイント**
スキルは謙虚な人ほど自分では気づきにくいです。なので、**過去を客観的に振り返ったり、人に聞いてみる**のもおすすめです。

## 「ニーズ」を見つけるワーク

・あなたが悩んでいることを書き出してみよう。それに対して、どんなサービスがあったら嬉しいか考えてみよう
・友人や同僚など、見込み客になりそうな人の悩みを聞いてみよう。それに対して、どんなサービスがあったら喜んでもらえるか考えてみよう
・お悩みサイトから見込み客になりそうな人の相談を集めてみよう。それに対して、どんなサービスがあったら喜んでもらえるか考えてみよう

・家族や、会社の人、友達からよく相談されることは？
・大変だったけど乗り越えられたこと、または今乗り越えたいと思うことは？
・自分と同じジャンルで活動している人がどんな仕事をしているのか調べよう

≫ **ポイント**

ニーズは、**悩みや不満などネガティブなものがヒントになります。**そういう気持ちになったらメモをして、後からどんなサービスがあったら改善されるか考えると、ネガティブな気持ちがネタに変わります。

上の二次元コードから、この本のためにミューズ・アカデミーさんと共同制作した「自分再発見&キャリア見直しシート」がダウンロードできます。こちらを使うと、さらに詳しくわかりやすく、自分の強みを見つけることができます。ぜひトライしてみてくださいね！

https://kosodate-freelance.studio.site/tokuten

# 最初から「やりたい仕事」をするのは難しい？

これまで、理想の仕事をするには「ワクワク」、「スキル」、「ニーズ」が大切だと書きました。その中でも「ワクワク」は「スキル」を身につけたり、「ニーズ」を見つけるための原動力になります。

しかし、**実績がない頃は、「ワクワク」すること、つまり好きなこと、やりたいことにこだわりすぎると、仕事に繋げることが難しくなります。**

私も、初めからやりたいと思える仕事の依頼はありませんでした。では何から始めたか？　まずは「スキル」と「ニーズ」に重点を置きました。

書籍以外にも、イラストを必要としている場所があるはず。

活躍しているイラストレーターが少ないブルーオーシャンはどこだろう？　そう考えて、見つけたのが、医療の世界でした。

医療は書籍も豊富ですが、病院で配る広報誌、患者に病気のことや薬の説明をする冊子、呼びかけのポスターなど、イラストのニーズが高いのです。

医療業界のイラストを描くと決めた私は、医療関係に強い広告会社やライターに営業したり、医療業界のイベントに参加して資料を集めて、顧客リストを作りました。面白くて可愛いタッチは、癒しを求めている医療の現場にマッチし、イラストや漫画の仕事がどんどん増えました。

ですが、医療の世界は、薬機法など難しいルールがあるのです。私には医療知識を勉強することへのワクワクがありませんでした。その頃には、実績も増えていたので、さらにやりたいと思う仕事にシフトしていきました。

## 安定するまでは副業もあり

「いきなりフリーランスになる勇気はない」という人もいると思います。

そういう人は、アルバイトをしながら副業で挑戦してみるのもいいと思います。私も、結婚したあとすぐに夫の転勤に伴い引越しをし、フリーランスの仕事も安定せず、アルバイトを掛け持ちしていました。

ただ、単なるお金稼ぎのために働くだけではもったいない。**アルバイトをするなら、フリーランスで活動したときに、経験として有益になるような仕事をオススメします。**

例えば私の場合は、出版のイラストの仕事をしたかったので、出版社でアルバイトをしていました。仕事内容は、本のポップを作ったり、書店に電話営業をするなど。出版業界のことを学ぶことができ、その経験は今、執筆の仕事をする上でも財産になっています。辞めたあとも、その出版社の本の挿絵の仕事をさせてもらえたり、いい関係が続きました。

子育てをしていればなおさら働く時間は貴重なので、将来的にやりたい仕事に関係あるアルバイトをした方がいいです。産後会社に復帰できる予定の方は、働きながらフリーランスを検討するのもありだと思います。

## フリーランスは「考えて、行動し続ける」人

「フリーランスで働くために大切なことは？」と聞かれると、スキル、コミュニケーション力、人との繋がりなどなど、たくさん思いつきますが、ひとつに絞るとすれば、「考えて行動し続けること」と答えます。私自身も、考えて行動をし続けたことで今があります。

例えば、駆け出しの頃、

・仕事の依頼が来てほしいと考えました（思考）

・そこで私はホームページを作りました（行動）

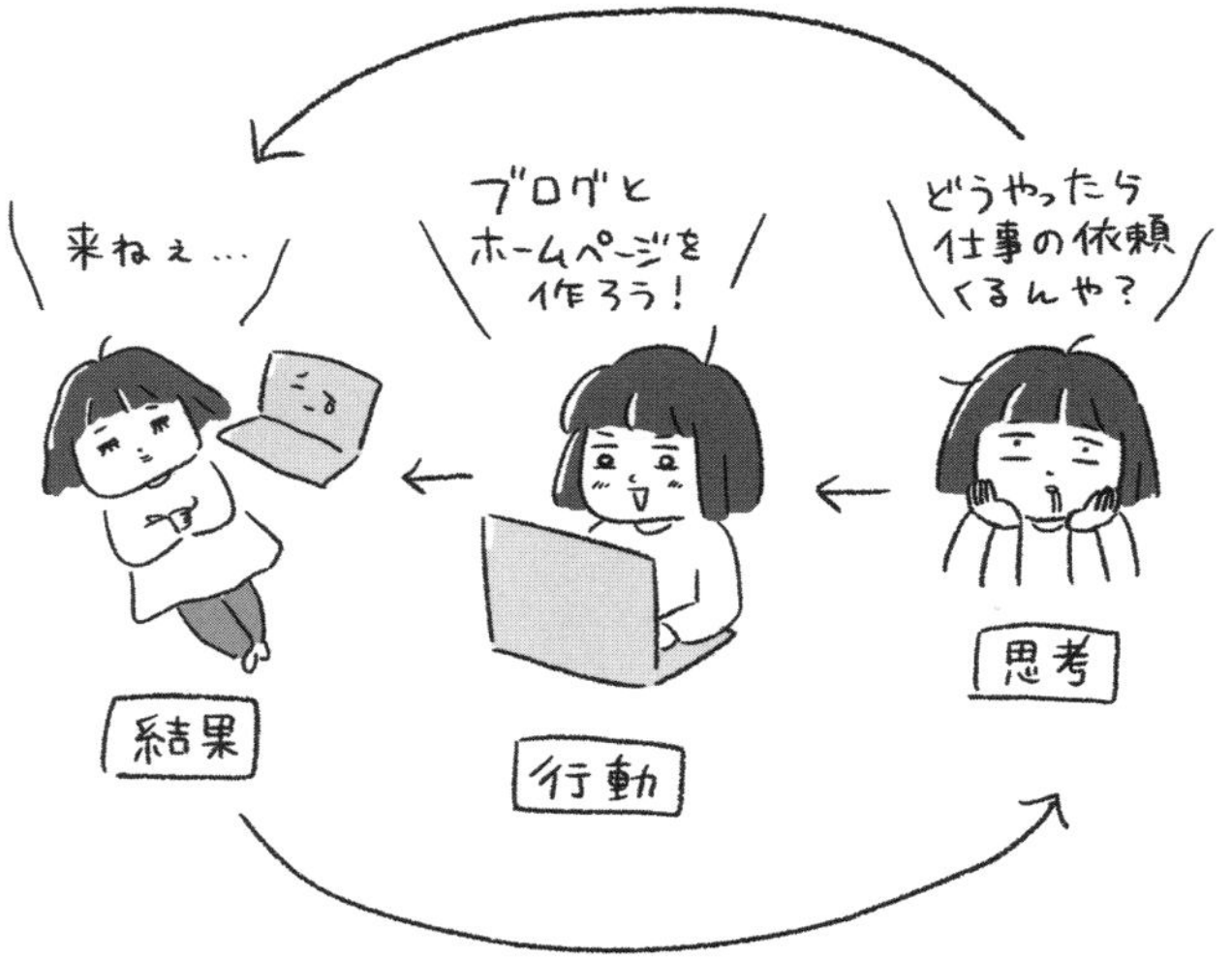
どうやったら
仕事の依頼
くるんや？
思考
ブログと
ホームページを
作ろう！
行動
来ねぇ…
結果

・でも、依頼は来ませんでした（結果）
なので私は
・ホームページをたくさんの人に知ってもらうためにはどうしたらいいのだろう?と考え（思考）
・ブログやSNSも始めました（行動）
・でも3ヶ月くらいではイマイチ反応がありませんでした（結果）
そして、
・じゃあ、違う方面からもホームページを知ってもらおうと思い（思考）
・いろんな企業にメール営業をしました（行動）
・少しずつ仕事依頼が増えました（結果）

**考える→行動する→結果→考える→行動する→結果、の繰り返しです。**

行動した結果、イマイチな成果しか得られなくても、大失敗だー！と落ち込まなくてもいいんです。失敗は実験の途中経過みたいなもので、失敗するほど、「これは合ってないんだ」という手持ちの札が増え、ゴールに近づいていきます。

ただそのためには、なぜイマイチな成果だったのか?と理由を考えたり、分析してから、次の行動にうつることが大切です。そうすることで、失敗が「経験」に変わります。

周りを見ていても、5年、10年と長くフリーランスとして活動している人は、考えて行動し続けています。**数年前と全く同じことをしている人は少ないです。**商業漫画家として活動していた人がSNSで漫画を公開し、人気を得て出版したり、大型イベントだけでハンドメイド商品を販売していた人が、アプリでも販売を始めたり、ライター業をしていた人が、オンラインで文章を書く講座を始めたり、数年前までは考えられなかったビジネスが、どんどん生まれています。

私自身も、駆け出しの頃はイラストレーターの仕事をすることしか考えておらず、まさかフリーランスの人向けに本を書くとは想像していませんでした。走り続けているうちに、どんどん新しいワクワクすることを見つけて、考えて、行動して、今に至ります。

「自分の絵で人の世界を明るくする」という考え方はずっと変わりません。が、そのための手段は、フリーランスとして活動する中で、これからも変わっていくかもしれません。

第2章

# 子どもが
# 小さいときは
# フリーランス
# 準備期間

# イヤイヤ期の子育てと仕事、どう両立する？

ごめん、うるさかったね～
ホンゲェ
「いい感じ」で働きたいって決めたけど
それってどんな働き方なんだろう…
ホンギャ
ホンギャ
スゥ…
ユラ～～
しばらくはマイペースに働いたら？
いつからそこに!?
俺も、忙しい日は帰りが遅くなるし…
ごめん…
夫はこの頃、朝早くから夜遅くまで会社で働いていました
仕方ないよ…
私より安定して稼いでくれてるしワガママは言えないや

今は、頼れる人に頼っていい時期なのかもしれない
子どものそばでのんびり働けるのも
今しかないことだしねゆっくりいくわ
じゃ、会社行ってくる
いってらっしゃい～！
パタン…
と言っても、休んでるとソワソワしちゃうのがフリーランスのサガ！
ソワッ
ソワッ
育児の合間にできることをしたい！
今こそ、後回しにしてたやりたかったことをしよう！
営業ツールを作ろうと思いつつ忙しくてなかなかできなかったんだよね～こういう仕事以外の作業なら、マイペースにできるかも
カワグチマサミ ホームページ
ホームページ！
イラストレーター カワグチマサミ
名刺！
ポートフォリオ
営業ツール！

子どもが小さい間は、フリーランスの土台作りをすることにしました
よっしゃ!
ソウちゃんが保育園に入るまでは
フリーランス準備期間ってことで!
まずは、準備期間にできることを書き出してみることにしました
書き出してるうちに頭の中が整理されて思いつくかも
ホームページを充実させるために実績を増やしたいな
最初は安くてもいいから作らせてもらうとか?
今のうちにスキルアップしたいし…
カキ
カキ
カキ
カキ
カキ
あれ…
ズラァ…
フリーランス準備リスト
☆ホームページをつくる。
☆ポートフォリオをつくる。(ファイルとPDF2つ)
☆名刺をつくる。
☆絵と文章の勉強をする。
☆営業リストをつくる。
意外と多いな?
書きだしてるうちにあれもこれもと…

これ全部やるの
めんどくさい
ワァ
うん、とりあえず
ザックリと作ろうか
ZUBORAAA!!
時間があったら
つめていこう
完全無欠を目指さず、
ザクッと作ってブラッシュアップ
していくことにしました
また、土台作りのひとつとして、
私はブログを始めました
絵と文章の練習の
ために始めてみよ～
カタ カタ カタ
カワグチマサミの
ブログ
文章はどの仕事にも
役に立つはず！
育児の合間に、
できることをしました
スピャ～
今のうちに、
ポートフォリオ
進めよう
ぐっ ちゃ
ハハ…
ブログで書いて
ネタにしたろ★
メモ…
特にブログは、
育児で大変なことがあっても
客観的にみることができ、
心が軽くなりました

そして、発信を続けるうちに自分の強みにも気づくことができました
カワグチさんの似顔絵ってシュールですね!
↑うまいとは言ってない
フフッ
えー私って似顔絵うまいんだー?
一方で、ブログやSNSで活躍している同業の人たちを見て、焦る気持ちもありました
私より絵が上手い人はたくさんいる
このままじゃ仕事がなくなるかも…
う〜〜ん…
好きなことややりたいことをまとめたり
興味あることはいろいろやってみて
自分だけの強みを見つけよう!
家事時短
ゲーム
いろいろ
お金の本
メンタルヘルスの本
関心あることを掛け合わせて強みを作ろうと思いました
そして、半年ほどブログやSNSを続けているうちに、自分のことを知ってくれる人が増えて
みんな家事時短どうしてる?
ドラム式洗濯機、お掃除ロボット、食洗機は、家事時短三種の神器!
この前、家事代行を試したらよかったよ〜!
仕事が忙しい時の子どもの預け先は?
認可外保育園の一時預かりで乗り越えたよ!
同じフリーランスママの仲間とも出会うことができました

発信を続けていると反応がなく、挫けそうになることもありました
ブログのPVもSNSのフォロワーも増えない
はぁ〜〜っ
仕事の依頼もない
詰んだ
それでも続けることができたのは…
でもさ
ガバッ
始めた頃に比べたら、絵も文章も上達したよね〜!
SNSやブログで友達もできたし
「自分が楽しむ」ことができていたからです
そんなある日…Facebookでブログをシェアすると
「産後復帰しました」っと!
チャチャン♪
久しぶり!実は、うちの会社でイラストレーターを探しててて、お仕事頼める?
!?

こんなことってあるんだ!?
どえ〜っ
なんと、ブログを読んでくれた友人が、仕事を依頼してくれました
人気がなくても知り合いから仕事を依頼されることがあるんだ…!
目からウロコビーム
ブログは知り合いへの活動報告やポートフォリオとしても使える…
フリーランスで食べていく方法はひとつじゃないということに気づきました
万人に受けなくてもいい自分を必要と思ってくれる人に、届けられるように
どうぞ
どうも
「楽しむ気持ち」を忘れずに、自分のペースで続けていこう
しかし、その『いい感じ』で働く日々は、長くは続きませんでした

その理由は…
イヤイヤ期!!
イイイッヤアアッ
イヤイヤ期が来たぞー!
ソウちゃん2才
イヤイヤ期来攻!!
世にいう「イヤイヤ期」とは…
2歳前後の子どもが自我が生まれ、自己主張が強くなる時期のこと
俗に言う「魔の2歳児」である
って、聞いてたけど
イーヤイヤイヤ
イヤイヤ
イヤ
イヤ
これがこう!
ここまで変わるの!?
この頃は、外に出るたび気が気じゃありませんでした
出会ったばかりの子の人形
ポーイ
ヤーメーテー!!
ガッ
出会う人たちに謝りまくる日々でした
ペコペコペコ
すみませんすみません

注意しても、自由にさせても、息子の様子は変わらず、心が折れる日々でした
どうしたらソウちゃんのイヤイヤはおさまるんだろう…
私の育児が間違ってるのかな…
イヤイヤしすぎてねた
こんなことならソウちゃんが生まれた時に、保活しとけばよかった…？
でもガッツリ保育園に預けるほどの収入はないし…
在宅で育児をしながら仕事をしようと気軽に考えていたので、保活はしていませんでした
とりあえず明日の納品、どうしたら!?
今までギリギリやってきたけど！
私は最大のピンチを迎えていました

親に預ける？いや、この前来てもらったところだし…
ゔ〜〜ん
あ゛〜〜
徹夜でやれば間に合うか
いや〜〜
でも育児は何が起こるかわからない
一時預かり超助かった〜
ネットのママ友
はっ
ティッシュの乱
そうだ！ママ友が言ってた！保育園の一時預かりが助かったって！
もつべきものはネットモ!!
調べてみよう！
ー翌日ー
私は一時預かりができる認可外保育園を訪れました
保育園
※前日予約ができるところでした。
来たぜ、一時預かり

ソウちゃん、ほ〜ら保育園だよ〜！
2時間ぐらいお友達と遊ぼ！
環境が変わったらソウちゃんの気分も上がるかも？
ねおき
いんやあぁぁ
ですよね
反っ
ガラッ
もう、帰ろうかな…
こんにちは！カワグチさんですね！
反っ
それでは2時間お預かりしますね〜！
ママにバイバイしようね〜！
これがプロフェッショナル！
ママァァ
ピシャッ
社会への第一歩…！
アァァ…
てく
てく
てく

ひとりの時間、いつぶりだろう…
私は久しぶりに、自由な時間を手に入れました
親戚に預けることもありましたがいつもどこか気を遣っていました
大丈夫かなぁ…
電話かけようかな
プロが預かってくれるこの安心感！
パァァ
プライスレス!!
私は、オシャレなカフェで
お1人様ですか？
ルン
1人ですっ
ケーキセットを頼んで
ラーン
預けてる間に終わらせるー!!
カッ
仕事をしました

あぁ〜しごとが〜すすむ〜
産後、初めてのカンカクー★
同じ1時間なのに
イヤイヤ期の子どもの相手をしながら仕事
1人でカフェで仕事
作業量が全然違う！
スン
や
や！
1H
3H
あっ
という間に2時間が過ぎました
間に合ったー！
託児所は働くママの救世主!!
無事に仕事を終えた私は、保育園に向かいました
ソウちゃん大丈夫かな…
ピンポーン
カワグチです
ハーイ

あっ
ソウ君、今園長先生と
歌を歌ってまして〜
え？
教室には笑顔で歌う
ソウちゃんがいました
楽しそう…!!
お友達とも
仲よくしてる!!
ソウ君は歌を歌ったり
踊るのがとっても
好きですねぇ〜!
ママー
園長先生…
会話が
メロディー!
もっといたい
なんてこと
でしょう…!
After
Before
小さい子どもたちが
いるところに行くのが
億劫だったけど
ここならきっと…
…いやいやいや
今まで何度も
夢見ては…
今、たまたま機嫌が
いいだけかもしれない…

私は正直に、園長先生に、ソウちゃんのイヤイヤ期の様子を話しました
あの、うちの子、機嫌が悪くなると…
すると園長先生は笑顔で答えてくれました
ニコッ
お母さん、大丈夫ですよ〜
そういうときは、ダメだよ〜?って伝えながら
こうっ！止めるっ！
手をだす前に!!
ガッ
プロ技すぎる…！
それにソウちゃんが不機嫌になってしまうのは、
伝えたいことがたくさんあるのに
もーばいばい?
まだうまく伝えられないからだと思いますよ〜

伝えたいことが、伝わらないなんて
大人にしてみたら言葉が通じない場所に放り投げられたようなもんですよ～
イラ イラ
だーかーらー お腹が空いたって言ってんの！
グ～
パン パン パン
パピププペポ？
そう考えたら、イライラするのわかるかも…
イメージ
私、自分の都合のことしか考えてなかった…
ソウちゃんは私に話したいことがたくさんあったんだね
気づいてあげられなくてごめんね
もっと、ソウちゃんの気持ちを考えよう
ウンウン わかるよ～
イライラするよね～
(あそびたい)
これから家族と離れた新しい環境の中で、お友達と一緒に成長しますからね～
ソウちゃん またねー
しぇんしぇい…
園長先生の言葉をとても心強く感じました

もっと早く一時預かりを試してもよかったな
保育園の帰り道、私の心は軽やかになっていました
ママといっしょあるくー
育児で誰かを頼ることに、罪悪感を持っていたのかもしれません
周りと比べたり理想の「親」を目指しすぎて…
誰かが普通にできることでも、私には限界を超えることもある
つらいよ
つらいね
私が「つらい」と思った時は、「つらい」ことに間違いないんだ
これからは頼れるものには頼って、
私なりの「いい感じ」の母親を目指そう
帰ったら何して遊ぶー？
たたかいごっこしゅる
えぇ…激しくないやつで
家族の前で、笑顔でいられるように…

# 子育てフリーランスはいつから働きやすくなる？

子どもが小さい時は、思い通りに働くことができなくて、もどかしい気持ちになることもあるかもしれません。ですが、子どもは必ず成長します。振り返ってみると、フリーランスとしての私の仕事も、子どもと一緒に成長してきました。それは子育てフリーランスのメリットでもあります。

ここでは、私の実体験を元に、産後から現在までの働き方の変化を書いています。子育てはもちろん、フリーランスの働き方も、家族の状況によって変わりますので、数ある子育てフリーランスの一体験談として、参考にしていただければと思います。

## 0歳〜2歳　フリーランス準備期間

この時期はフリーランス準備期間として、ペースを落として働くことをおすすめします。周りで産後すぐに働くママがいたり、さも当たり前のようにスレンダーボディで復活を遂げる芸能人ママがいるので、私も同じように産後2ヶ月で復帰しようとしました。

しかし結果的に、「私は」産後すぐに復帰することができませんでした。無理をして仕事を始めたばかりに、体調を崩してしまい、復帰を延期することになりました。他の人ができていても、私にはできませんでした……。

体を壊すまで、私は「自分は大丈夫！」と思い込んでいました。それだけ、赤ちゃんのお世話をすることに夢中になっていて、自分の疲れに気づかなかったのです。

産後半年ほど経ってから、やっと睡眠を十分にとることができ、少しずつ仕事を増やしていきました。

産後の体の調子や子どもの様子、家族構成によっても、負担は違ってきます。なので、もし共働きで、パートナーが働いてくれているなら、**この時期は頼れる人に頼って、仕事は気晴らしになるくらいから始めるといいと思います。**

息子は歩き出すのが遅かったので、1歳を過ぎる頃まではおんぶしたり、遊び相手をしたりしながら仕事をしていました。職種によりますが、私の場合は、子どもが歩き出すまでは、自宅でも無理のない範囲でなら仕事をすることができました。

ですが、1歳半ごろからイヤイヤ期が始まり、働き方も一変しました。ごはんを食べるときも泣くわ叫ぶわで、家で全く仕事ができない。急いで保育園に通い始めてやっと、仕事をする時間を作ることができました。

**この時期は、「フリーランスとして駆け出すための準備期間」と思って、明るく割り切っちゃいましょう。**子育てをしながら自分のペースで働けるのはフリーランスの特権です。この先、子どもの成長につれて、働き方を見直すことはできますからね。そのときに自信を持って活動ができるように、この時期はしっかり準備をしておきましょう。

## 2歳〜6歳…行動範囲を広げるとき

息子がイヤイヤ期の頃から認可外保育園に週2〜3回通い始め、3歳になった頃、夕方まで預かってくれる送迎ありの幼稚園に転園しました。幼稚園では週5の保育と、送迎を任せることができたので、グッと働きやすくなりました。

ただ、保育園や幼稚園に入ったばかりの頃は、息子にとって初めての集団生活で、体調を崩しやすかったです。うちの場合は、入園して1年くらいの間、登園しては風邪を引いて休む……というのを繰り返しました。「保育園の洗礼」というやつですね。この時期は、預け先が決まり働きやすくなりましたが、イレギュラーなことがあるたび仕事が進まず、そういった時の対応が大変でした。

## 6歳〜…準備したものが芽を出すとき

保育園に入る前は、ほとんど家の中で作業をしていましたが、息子が幼稚園にいる平日のお昼は外出できるようになりました。ランチ会に行ったり、交流会に出たり、少し遠出の取材仕事もできるようになり、仕事の幅が広がっていきました。

SNSで積極的に営業や発信もするようになり、フリーランス仲間がみるみる増えました。

**情報は、インターネットや本から得ることもできますが、リアルな情報を得たければ、「人」に勝るものはありません。**特に、仕事の話について赤裸々に相談できる仲間ができたことは、一番の財産だと思います。

他にも、仲間と話すことでアイデアが生まれたり、ご縁から仕事が繋がることもありました。今でも、気になる人のイベントには積極的に参加しています。

息子が小学校に上がると、幼稚園の頃と比べて、さらに働きやすくなりました。小学生は、できることが格段に増えます。「学校に1人で行って帰ってくる」というだけでも大革命です。送迎時間が少なくなり、それだけ集中して仕事をする時間が増えました。

この頃、今までコツコツ撒いていた「フリーランスの準備6つのステップ」（P95〜）の

「人に会う」「営業・発信」などの種が、芽を出し始めました。

今まで断っていた出張や、遠出のイベント、大きなプロジェクトの案件を受けることもできるようになりました。産前と比べると、思い通りにいかないこともありますが、ほとんどその頃と変わらない働き方ができていると思います。むしろ、子どもの生活に合わせて、産前より健康的な働き方ができています。

働きたいけど働けないというもどかしい気持ちも、かなり少なくなりました。また、育児系の漫画やコラムなど、育児という経験があるからこその、仕事の幅も広がりました。


実際にそうなるまで、不安だったのが「小1の壁」問題です。これは、子どもが小学校に上がるタイミングで、仕事の継続が難しくなり退職する母親が多いことから、多くの共働き家庭がぶちあたる「壁」のこと。

具体的には、「学童保育は運営時間が短いため、お迎えが大変」「小学校の行事や、子ども宿題のフォローが増える」などですが、結論からいうと、働く時間も場所も自由なフリーランスの場合、それほど悩むことはありませんでした。**子どもの成長や気持ちに合わせて、働き方を調整できるのはフリーランスのいいところです。**

# 育児中にできるフリーランスの準備6ステップ！

フリーランスは、在宅で育児をしながら仕事ができるイメージを持たれることが多いです。たしかに、好きな時間に好きな場所で自由に働くフリーランスは、会社員よりも育児に向いている働き方だと思います。

ですが、決して、楽ということではありません。

フリーランスも会社員も同じく、育児をしながら働くというのは大変なんです。私なんて、不器用な性格もあって、ひとりっ子でも、子育てをしながら働くのは日々大変なことばかりでした。

特に子どもが保育園や幼稚園に入る前は目が離せない時期ですし、出産や育児の疲労が溜まりやすいです。仕事をガッツリ入れてしまうと、体調を崩してしまうこともあります。なので、この時期は「準備期間」と割り切って、できることをマイペースにやっていきましょう。フリーランスとして活動するには、仕事をする以外にも、準備することがたくさんあります。

## フリーランスになる環境を作ろう！

まずは、フリーランスとして活動するための環境作りをしましょう。
職種によって、環境に必要なものが変わります。

### 働く場所

駆け出しの頃は、出来るだけお金をかけずに、住居をオフィスにして始めることをおすすめします。プライベートと仕事を分ける方がメリハリがつきますが、子どもが小さい頃は特に、無理に分けると保育園に預ける手続きや、移動時間でストレスがかかってしまうこともあります。

接客業や講師業の人は、オフィスが必要になるかもしれませんが、最近はオンラインでできるカウンセラーや、スポーツインストラクターのお仕事も増えています。

ちなみに私は、隙あらば仕事だけでなく、ゲームもしたいし、漫画も読みたいので、オフィスはずっと自宅です。

ただ、家族の住所を仕事で使うのが心配な方もいると思います。その場合は「バーチャルオフィス」といって、オフィスの住所だけ借りることができるサービスもあります。名刺やホームページにバーチャル住所を掲載できたり、郵便物を転送してくれたりします。

## パソコン環境

最近では、オンライン会議も主流になっているので、フリーランスにパソコンは必須ですね！　特にクリエイターは、パソコン環境が仕事のクオリティにも影響します。ですがこれも、最初から高くていいものを無理に用意しなくても大丈夫です。

私は駆け出しで独身の頃、本当にお金がありませんでした。当時はパソコンやイラストツールも今より高価なもので、スキャナー、プリンター、板タブは友人からの頂き物。なけなしのお金で中古品のＭａｃを購入しました。それでも十分、仕事をすることができました。今は、ｉｐａｄひとつで絵を描く仕事もできますので、フリーランスクリエイターのハードルはかなり低くなっていると思います。

子どもができてから重宝しているのは、スマートフォンとノートパソコンです。育児中は座って作業をし続けることが難しいので、**手軽に使えるパソコンツールは、スペックが高いものを買ってもいいと思います。**子どもの写真や動画もたくさん保存できますからね。

## プロフィールを作ろう！

フリーランスになると、あらゆるシーンでプロフィールが必要になります。ホームページや名刺、作品集に書くだけでなく、イベントや交流会での自己紹介もそうです。それに、これは私自身が人に仕事を頼む側に立ったときに気づいたのですが、仕事を依頼するときは、必ずプロフィールを調べます！

**仕事を依頼する人は、相手の実力はもとより、「どんな人なのか？」を知りたいのです。**

さらに、企業案件なら、社内の企画会議で通すために、依頼したい人のプロフィールを企画書に使用することもあります。それくらいプロフィールは大事なんです。

私は、シチュエーションに合わせて、「キャッチコピー」「ザクっとプロフィール」「じっくりプロフィール」の３つを使い分けています。

### ≫ キャッチコピー（名刺やホームページに使う短いコピー）

「隙あらばゴロゴロしたくてフリーランスになったイラストレーター」

### ザクっとプロフィール（イベントや営業のときの挨拶に使う自己紹介）

隙あらばゴロゴロしたくてフリーランスになったイラストレーターのカワグチマサミです。コミカルタッチのイラストを描くことが得意です。育児中も好きなことをして働けるという内容のエッセイ漫画を描いています。

### じっくりプロフィール（ホームページや取材で使う長めの自己紹介）

隙あらばゴロゴロしたくてフリーランスになったイラストレーターのカワグチマサミです。佛教大学社会学部でマスコミ学を学びながら、デジタルハリウッド大阪校でＷｅｂ・グラフィックデザインを学び、２０１０年から漫画家・イラストレーターとして活動を始めました。その後、結婚し、２０１２年に男の子を出産。現在は子育てをしながら、エッセイ漫画を中心に活動しています。産後に働きすぎて体調を崩してから、「隙あらばゴロゴロ」をモットーに働いていています。

私がよく使っている、このフレーズ。

「隙あらばゴロゴロしたくてフリーランスになったイラストレーター」

正直、ふざけた文章と思いますよね？　でも実はこれ、育児で頑張っている人たちが力を抜いて、好きなことをして生きてほしいという思いを込めたものなんです。**プロフィールを作るポイントは、「肩書き＋α」を言葉にすることです。**

例えば、シンプルに「イラストレーターのカワグチマサミ」というプロフィールや自己紹介だと、印象に残りませんよね。他にも絵を描ける人は星の数ほどいますから。私が超有名なイラストレーターなら、それだけでも仕事は来るかもしれませんが、残念ながらそうではありませんので……。

イラストが描けることは当たり前。それに加えて、自分には何ができるのか？を考えてみてください。

「どんなジャンルが得意なのか？」
「どんな知識を持っているのか？」
「どんな特別な想いがあるのか？」

つまり、「＋αの強み」を知ることは、自分を知ることなんですね。そのためにも、1章の自己分析ワーク（ワクワク・スキル・ニーズ）は、とても大事です。

**「この人と仕事をしたら、いい結果が出るかもしれない」**

とワクワクするようなプロフィールなら、一緒に働きたいと思ってもらえそうですよね。ちなみに駆け出しの頃の私の「肩書き＋α」はもう少しまともでした。「クスッと笑える漫画が得意なイラストレーター」「医療漫画に強いイラストレーター」など。その時々の「ワクワク」「スキル」「ニーズ」に合わせて変えていきました。

自分でキャッチコピーを作るのが難しいと思う方は、言葉のプロであるライターやコピーライターの人に依頼するのもいいと思います。

## 実績を作ろう！

フリーランスで活動するということは、いかに信頼を重ねていくかということでもあります。名もなきフリーランスは「得体の知れない人」と思われやすいものです。厳しいことかもしれませんが、やはり**企業からすると、個人で活動しているフリーランスに不安を抱くのは事実**なんです。

実際、取引先の方から、「依頼したフリーランスの人が途中で仕事を投げてしまった」という話も聞いたことがあります。会社なら、そういうトラブルが起こっても、社内で対応してくれますよね。

きっと、この本を読んでいる方は、そのような無責任なことはしないと思います。だからこそ、いかに自分は怪しくない者か、ちゃんと仕事をするか、を伝えることは大事です。

**信頼を伝える一番わかりやすい方法は、「実績を見える化」することです。**

ここで言う「実績」というのは、実際に依頼を受けて、仕事をした証になるものです。クリエイターなら、イラストやデザインの納品物、納品後に形になった書籍やポスターなど。

私がフリーランスになってはじめにしたことは、出版社への売り込みでした。書籍は信頼度が高いお仕事です。誰もが手に取れる本という形になり、名前も掲載してもらえることが多いです。大手企業のお仕事であればあるほど、その実績はわかりやすく見える化します。仕事をして実績を重ねれば重ねるほど、フリーランスへの信頼は厚くなります。

それなら、今すぐ実績どんどこ作るぞー！と思うかもしれませんが、最初から大手案件のお仕事をするのは難しいです。また、子どもが小さい時は、そのような余裕もないと思います。じゃあ、実績がない駆け出しの子育てフリーランスの人はどうすればいいのか？

## ずばり、身近なところから実績を作っていきましょう。

私もフリーランスになる前、実績を作るために、友人からの依頼を安く受けていたことがありました。例えば私は、交流会や紹介で会った起業家の人たちに、プロフィール漫画を描いた名刺を渡して、興味を持ってくれた人に格安でプロフィール漫画を描きました。

起業家の人たちは名刺として使ってくれるので、さらに私の漫画に興味を持ってくれる人が増えます。格安で提供する代わりに、ホームページに掲載するための感想ももらいました。そして依頼が安定してきたら、希望料金に戻して本格的にサービスを開始しました。

最初は満足できる報酬ではなかったり、やりたい仕事ではなかったとしても、それは必ず、希望の仕事ができるための信頼に繋がります。

フリーランスで活動していると、驚くほど安い依頼もあるかもしれません。私も、とあるメディアからＳＮＳ経由で、４コマ漫画１本を５００円で描いてほしいと依頼されたことがありました。「ケタ間違ってませんか？」とお返事したところ、間違っていない様子で腰を抜かしました。

こういう場合、もしあなたが、今、全く仕事がない状態で、「やってみてもいいかな」「楽しそうだな」と思える内容なら、実績作りのために受けていいと思います。ですが、**そこで踏みとどまらず、その仕事を実績のひとつにして、さらにいい条件の案件へとステップアップしてください。**

接客業や講師業、コンサルタントの方などは、実際に自社のサービスを体験してもらい、よりリアルな感想やレポをホームページに掲載するなどの方法で、実績を見える化するといいと思います。

## ウェブサイトを作ろう！

どの職種でも欠かせないのがウェブサイトです。ウェブサイトは仕事の窓口になります。このウェブサイトは「私は怪しくないモノです」と伝えられなければなりません。そのためには、先に書いたプロフィールと実績をわかりやすく記載することが大切です。

**私は、漫画を描けることを一目で伝えられるように、ウェブサイトのプロフィールページに、自己紹介漫画を貼っています。**ＳＮＳやブログの固定ページにも同じようにしています。自分が提供するサービスで、自分のプロフィールを作れば、自己紹介とサービスを一緒に伝えることができます。

イラストレーターなら、イラストで。動画クリエイターなら、動画で。クリエイターではなくても、文章をしっかり書いて伝えましょう。

**今までどのような経験を積んで（過去）、その結果、今はどのような仕事をして（現在）、今後はどんなことをしていきたいか目標（未来）を書くと、自分がどのような人間なのか、ポジティブに伝わりやすいです。**

**ウェブサイトは信頼を高めるためにも、独自ドメインで作ることをおすすめします。**独自ドメインとは、自分だけのオリジナルの文字列でアドレスを取得することで、少しお金はかかりますが、そのぶん信頼性は高まります。企業が運営している無料サイトを利用するのも手軽でいいのですが、その会社が方針を変えると使えなくなってしまうというリスクがあります。

「そんなこと言われても、そういうの詳しくないし……」

「何度かチャレンジしたけど挫折しちゃった……」

という人もいると思います。そんな私も実はワードプレスのウェブサイト作りに3回挫折しました。「HTMLって何？　黒魔術？」って感じです。私くらいウェブサイト作りが苦手な人は、プロに外注するのもひとつの手です。さらに最近では、企業が運営している無料サイトでも、課金すれば独自ドメインで運営できるものもあります。

かくいう私も、駆け出しの頃からつい最近まで、無料サイトで作ったウェブサイトを使っていました。やはり独自ドメインのサイトより信頼性は下がってしまうと思いますが、ないよりはマシ。何よりも始めてみることが一番大事です。

まずは、独自ドメインのサイト作りにチャレンジしてみて、ストレスになりそうなら外注したり、自分に合った運営会社のウェブサイトを探すといいと思います。

## ブログをはじめよう！

ホームページの次はブログです。結論から言うと、私はブログをやって良かったと思います。その理由はこちら。

・育児の隙間時間に更新できる
・読んでくれる人がいると、楽しく継続することができる
・ブログを通して、フリーランスママ友達ができた（SNSも同じ）
・絵と文章のスキルアップができた（文章はどの職業でも必須のスキル）
・ブログから仕事の依頼が来た（発信して半年後くらい）
・自分の人柄が伝わっていたので、依頼された仕事をスムーズに進められた（育児中ということも理解した上で依頼してくれる）
・知り合いの取引先に対し、SNSで記事をシェアすることで営業できる
・育児日記を書くことで、大変だったことも客観的に見ることができる
・ストレス発散になる

ブログはお仕事でも役に立ちますが、自分の状況や気持ちを整理するためにもいいツールだと思います。

「何を書いていいのかわからない」という人もいるかもしれません。でも、最初から多くの読者はいませんし、気兼ねなく、その日あったことや、思っていること、感じたことを、自由に文章にすることから始めてみてください。

子育てをしながら働いていると、手が抜けないことばかりで、思っている以上に自分を追い詰めてしまっていることがあります。日々の思いを書き出すことで、状況を客観的に見ることができ、気持ちが軽やかになると思います。

アクセス数を上げるためにテーマを決めて書くのもいいですが、継続するためには「楽しむ」ことが大切です。書いているうちにテーマが定まりそうなら、あとから決めてもいいのです。

**まずは、自分が楽しむこと。書きたいことを書く。実はそれが一番、人の心を動かし、興味を持ってもらうきっかけになるのです。**漫画にも描いた通り、アクセスが多くなくても、出会った人たちに読んでもらえることが、自然と営業にも繋がります。

## ブログはどこで始める？

ブログも、企業運営のものと、独自ドメインで作るものがあります。例えるならば、企業運営のブログは、島民がすでにたくさん住んでいる島にお店を出すこと。利用者が多く、ブログ内で記事が紹介されることもあり、最初から読んでくれる人が多いです。

独自ドメインのブログは、孤島にお店を出して、自分で集客する力が必要になりますが、自分で好きなお店が作れます。また、広告を記事に貼ることでアフィリエイト収入を得ることもできます。ただ、ブログだけで生活できるほどの収入を得るには、専門的な知識や大きな労力が必要です。ブロガーの方はそれが本業ですが、他に本業がある人は、あくまでも、継続できそうな使いやすいサイトを選んだ方がいいです。

**企業運営ブログは、その運営会社によって、利用者の層も変わります。**

自分のお客さんや、同業者は、どのブログを利用しているのかを調べるのもいいですね。私は、編集者やデザイナーなどクリエイターユーザーが多いnoteを利用しています。

## 名刺を作ろう!

名刺は、初対面の人に自己紹介をするツールです。自分がどんな人なのか、どんなことができるのかを、アピールすることが大切です。

名刺に記載する基本の項目はこちらです。

・肩書き、職業
・名前
・電話番号
・住所
・メールアドレス
・ウェブサイト、ブログ、SNSのURL

私は独立した頃、この項目に、イラストを添えたシンプルな名刺を使っていました。その名刺を持って、とある異業種交流会に参加した時のこと。地元で有名な企業の方と名刺

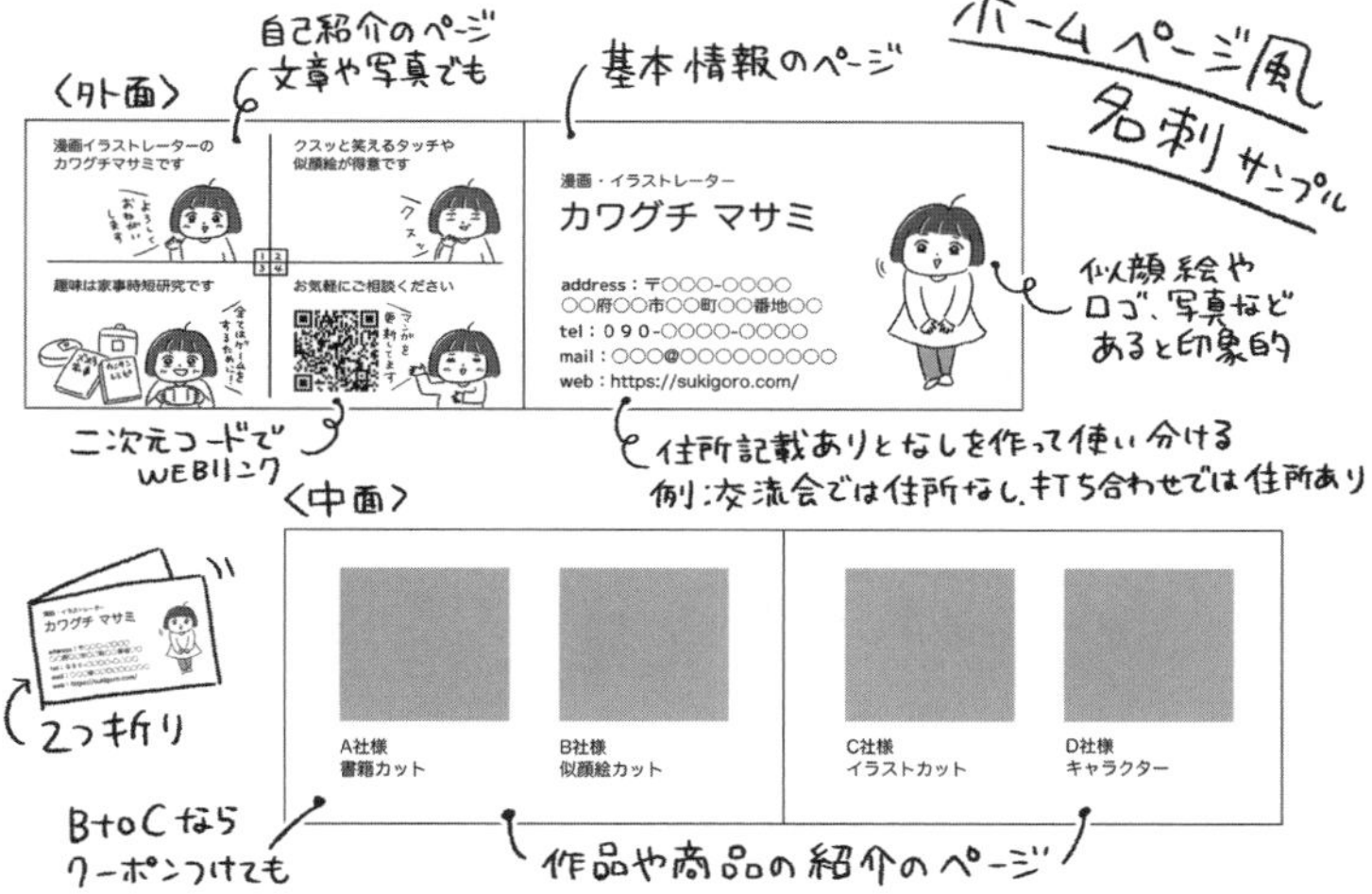
ホームページ風
名刺サンプル
〈外面〉
自己紹介のページ
文章や写真でも
基本情報のページ
漫画イラストレーターの
カワグチマサミです
クスッと笑えるタッチや
似顔絵が得意です
趣味は家事時短研究です
お気軽にご相談ください
漫画・イラストレーター
カワグチ マサミ
address：〒○○○-○○○○
○○府○○市○○町○○番地○○
tel：０９０-○○○○-○○○○
mail：○○○@○○○○○○○○○
web：https://sukigoro.com/
似顔絵や
ロゴ、写真など
あると印象的
二次元コードで
WEBリンク
住所記載ありとなしを作って使い分ける
例：交流会では住所なし、打ち合わせでは住所あり
〈中面〉
2つ折り
A社様
書籍カット
B社様
似顔絵カット
C社様
イラストカット
D社様
キャラクター
BtoCなら
クーポンつけても
作品や商品の紹介のページ

交換をした際、そのまま作品集を広げて営業しようとしたら、時間切れになってしまいました。その企業はとても人気で後ろにもたくさんの同業者が並んでいたのです。

その時に、**名刺ひとつで営業ができるように、「名刺を小さなホームページにしてしまおう」**と、思いつきました。それで作ったのが、こちらです。

## 名刺deミニホームページ

・見開きの名刺
・基本項目の他に、伝えたいことをわかりやすく明記
・実績（作品）を並べる
・表紙には漫画を描けることが一目でわかるように、自己紹介漫画を掲載

すごい!
似顔絵が
描けるんですね
はい!
裏面には実績も
まとめてます!
いいですね
我が社主催の
イベントでも
描いてほしいです
ササッ
っしゃあっ!!
(心の声)

・ホームページをリンクした二次元コードを載せることで、他の作品も見てもらえる機会を増やし、問い合わせにも繋げる

この名刺にすることで、交流会のようなたくさんの人たちと名刺交換をする場所でも覚えてくれる人が増えましたし、その場で仕事を依頼してもらえることもありました。仕事じゃない場所で出会った人にも、ホームページ風の名刺を渡すことで、仕事に繋がるご縁を作ってくれるかもしれません。

## BtoCビジネスの人の名刺

直接顧客とやりとりするＢtoＣのお仕

事の方は、名刺の作り方をさらに工夫するといいと思います。駆け出しの頃、私はデザインの仕事として、あるアロママッサージのお店を運営している方の名刺を作りました。**名刺を渡した相手が気軽にその方のお店を訪れてくれるように、初回割引クーポンとしても使える名刺を作りました。**

交流会で出会う人に自己紹介がてら自然に営業ができて、集客にもうまく繋がったようです。

# 扶養は？　保険は？
# 子育てフリーランスのお金の話

フリーランスになるにあたって、一番気になるのが開業にまつわるお金や手続きの話ではないでしょうか？「夫の扶養から抜けるタイミングは？」「確定申告ってどうやるの？」などなど、不安なことがいっぱいです。

私ひとりでは心もとないので、子育ての先輩であり、ファイナンシャルプランナーとして活躍されている小谷晴美先生に気になるポイントを教えていただきました！

## 開業時に押さえるべきポイント6つ

### フリーランスになったら真っ先に調べてほしいこと

はじめまして。ファイナンシャルプランナーの小谷晴美です。「暮らしのお金」と「起業のお金」の身近な相談役として、特に女性の「ひとり起業」を応援する活動をしています。

これからフリーランスになる方に真っ先にしてほしいのが、**今入っている健康保険の扶**

**養の収入要件を確認すること**です。

一般的に、健康保険の扶養の収入要件は「年収130万円未満」と定められています。しかし、妻がフリーランスの場合は「130万円」が「売上」なのか、売上から必要経費を差し引いた「所得」なのかなど健康保険の組合によって基準が異なります。中には「開業届を出した時点で扶養から外れてください」という組合もあります。

詳しくは健康保険組合に問い合わせる必要がありますが、そこそこ稼いでしまってからだと「何を聞かれるか分からない」と怖くなってしまうと思うので、「フリーランスになろう！」というタイミングで確認するのがおすすめです。

## 扶養控除のしくみと考え方

妻の所得が48万円以下であれば、夫（合計所得額1千万円以下）は「配偶者控除」を受けることができます。所得とは収入から必要経費を引いた額です。妻の所得が48万円を超えると「配偶者控除」は受けられなくなりますが、「配偶者特別控除」と名前が変わるだけで、妻の所得が95万円までは控除額は変わりません。つまり、妻の所得が95万円までであれば、夫の税金が増えることはないということです。妻の所得が95万円を超えると「配偶者特別控除」の控除額が段階的に減らされますが、妻の所得が増えたことによって損をするということはありません。妻の所得以上に夫の税金が増えるわけではありませんから。

例えば、妻の所得が95万円を超えて97万円になったら、夫が受けられる控除も2万円減ります。では、夫の税金はいくら増えると思いますか？

所得税の税率によって増える税額は異なりますが、少なければ3000円くらい、多くても6600円くらいです。妻の所得が2万円増えて夫の税金が数千円増えるわけですから、世帯で考えるとプラスですね。ですから、妻の所得が増えて控除額が減ることについては、あまり気にしなくていいでしょう。

ただ、会社によっては、配偶者控除や配偶者特別控除を受けていることを条件に、配偶者手当などを出しているところがあります。その場合は、扶養を抜けることでまとまった額がもらえなくなることがあるので、注意が必要です。税制上の面だけを考えるなら、扶養を気にして「これ以上稼がないように」とブレーキを踏む必要はありません。

## 扶養を抜けるタイミングは？

「扶養を抜けるタイミングはいつですか？」と聞かれることがありますが、その人が今後どんな風に働いていきたいかにもよるので、決まった時期はありません。

ただ、社会保険の扶養を抜けてしまうと、妻は国民年金と国民健康保険に加入すること

センパイ主婦で
ファイナンシャルプランナーの
小谷晴美さん
子育てフリーランスが
まずはじめに
するべきことは!?
ズバリ!
今入ってる健康保険の
扶養の収入要件を
確認することです!

になります。国民年金の保険料は年間約20万円、国民健康保険料は自治体によりますが所得130万円で加入すると年間10万円〜20万円程度です。つまり健康保険の扶養を外れることによって、年間30万円〜40万円の保険料が発生します。扶養を抜けるからには保険料以上の所得を得るつもりでしっかり稼ぎたいですね。

仕事にプラスの波が来ているときは、130万円の壁に対してブレーキを踏むよりも、扶養の壁を飛び越えるつもりで仕事を広げたほうがいいと思いますが、「子どもとの時間を大切にしたい」という時期は無理せず扶養の範囲内に留めて、お子さんの成長と共に仕事の幅を広げていかれるのも良いと思います。

## 開業届は出さなきゃいけない？

開業届については「事業の開始の日から1カ月以内に提出」という規定がありますが、この規定には罰則がありません。ですから開業届を出さずに事業を始めても特に問題になることはありません。

ただ、開業届を出さないとできないことがあります。例えば、青色申告や、事業用の賠償責任保険に入る場合など開業届が必要になることもあります。特に子育てフリーランスの方は、開業届が就労証明のひとつになるので、保育所に入るときの審査に役立ちます。

また、「開業届を出したことによって覚悟ができた」という声をおききします。開業届の提出を機に、趣味から仕事に、ボランティアからお金をいただけるように、ビジネスとして動き出したという方も少なくありません。開業届を出す何よりのメリットは気持ちの問題かもしれません。

## 確定申告ってどうするの？

事業収入のみの方は、原則として所得が年間48万円以下であれば確定申告をする必要はありません。パートをしながら事業収入も得ている方は、事業所得が20万円以下であれば確定申告をする必要はありません。ただし、所得を証明するためにも売上と経費を帳簿につけて、領収書や取引の詳細が分かる書類やデータを保管しておく義務はあります。フリーランスになる以上、帳簿はきちんとつけておきましょう。

確定申告には、「白色申告」と「青色申告」という2つの方法があります。

「白色申告」は家計簿のような簡易な帳簿のつけ方で良いのですが、「青色申告」は正規の簿記による記帳が必要です。ただし、青色申告でも10万円の青色申告特別控除なら白色申告と同じ簡易な帳簿で大丈夫です。青色申告には白色申告にはない節税効果もありますし、赤字になった場合でも翌年に赤字を繰越せるなどのメリットがありますので、青色申告がおすすめです。いずれの申告方法にしても、日々の取引を帳簿に付けて、白色申告であれば「収支内訳書」、青色申告であれば「青色申告決算書」まで作成できていれば、確定申告書の書き方は税務署の相談会などでアドバイスしてもらうこともできます。

## お金の流れに意識を向ける

お金の管理でまずやることは、事業用に口座やクレジットカードを分けておくことです。そして「お金の流れ」に意識を向けることが大切です。

お金に意識を向けないと、いつまでも趣味の延長から抜けられないという問題が起こります。例えば学びつづけなくてはならないフリーランスゆえ、「自分への投資」と思って、高いコンサルティングを受けたり、いろいろな場所に顔を出したりと、売上はあまりないのに支出がやたらと多くなってしまう人がいます。私もファイナンシャルプランナーとして活動を始めた当初は、生協の組合員活動としてボランティアでお金の話をしていたせいか、収支のバランスに意識が向いていませんでした。そのときは、やっていることが全くビジネスになっていかなかったんです。

その後、**事業用の口座を作りクレジットカードも分けたことで、ぐっとビジネスとしての自覚が生まれました。**残高を見るだけでも、去年と比べてお金が増えていたら、ちゃんと事業がうまくいっているのがわかります。また、帳簿もつけやすく、管理が楽になります。事業用と言っても、口座名に屋号をつける必要はなく、個人名でもＯＫです。とにかく生活のお金と事業のお金を分けることが大切です。

＊

小谷先生、ありがとうございました！　さらに詳しいことは小谷晴美先生の著書『小さく始めて夢を叶える「女性ひとり起業」スタートＢＯＯＫ』（コスミック出版）にも書いてありますので、ぜひ参考にしてみてくださいね。確定申告がラクになるオリジナルのエクセル帳簿がダウンロードできる付録もついています。また、5章の「子育てフリーランスのリアル」では、小谷先生のお仕事についても伺いました。そちらもぜひお読みください！

# フリーランスの保活

フリーランスの保活と聞くと、「フリーランスは会社員より審査が不利なの？」「認可保育園には入れないの？」という不安を抱える人もいると思います。私も、待機児童が多い町に住んでいるので同じような気持ちでした。

しかし、保育園にはいろいろな種類があります。フリーランスでも認可保育園に受かった人もいれば、私のように認可保育園の審査に落ちてしまったものの、結果的に、子どもの個性に合った認可外保育園に出会えたパターンもあります。

ここでは、フリーランスの保活についてのポイントを紹介します。

## 認可保育園に入るには

認可保育園とは、国の定めた設置基準をクリアし、都道府県知事や市区町村長から認可を受けた保育園のこと。補助金が出ることもあり、できれば認可に入りたい、という人も多いんじゃないでしょうか。入所するためには、住んでいる市区町村の自治体に書類を提出し、保育が必要かどうかの審査があります。

どの自治体も点数制になっていて、点数が高い人から優先的に保育所に入れます。まずはお近くの役所に相談に行って、申込書類をもらうところから。自治体によって違いはありますが、提出書類はだいたい次のような感じです。

**①労働状況申告書**

仕事の状況を申告するもので、各自治体からフォーマットをもらえます。会社員の場合は会社で記入してもらえますが、フリーランスの場合は自分で記入します。

事業内容、就業時間、就業場所、現在の保育状況のほか、収入や所得税についての確認もあります。確定申告の書類などの証明書が必要な場合もあるので、きちんと正しい数字を報告しましょう。

**②就労実績表**

自治体によって違いますが、自分で就労実績表を作らなければいけないことがあります。だいたい、3～6ヶ月くらいの仕事の状況を証明するように言われることが多いようです。書式は役所の方に確認してから、ネット上にあるテンプレートを利用するのもいいと思います。めんどくさいですが、ここで細かく仕事内容をアピールすることで、保育の必要性が証明され、審査に通りやすくなります。

### ③開業届の控え

個人事業主として開業届を出している場合は、仕事をしていることの証明になりますので、控えを用意しましょう。手元にない場合は、開業届を提出した税務署で再発行の手続きができます。届を出していない方はなくてもＯＫです。

そのほかにも、まずは入りやすい認可外保育園に預けることで、保育の必要性が認められ、認可保育園入所の優先度が上がることもあります。

私は、保活を始めるまでは、「保育園は認可しかない！」と思い込んでいました。確かに、認可保育園は国の基準で認められているという点で安心できます。だからこそ、私も認可保育園の審査に落ちた時は落ち込みました。

しかし、結果的には認可外保育園を巡ることで、子どもに合った園に出会うことができました。それに、**何かあったときのため、預け先は二箇所以上あると心強いです。**うちは認可外保育園2箇所に登録し、3歳からは預かり保育のある幼稚園に通いました。

そのほか、認証保育園、ファミリーサポート、自治体の助成のある産後サポート、一時保育、保育ママなど、いろいろなサービスがあります。

最初は短い時間からでも、安心して子どもを預けられる場所ができると、少しずつ働きやすくなると思います。

## イヤイヤ期と保活の話

夫は激務でしたが、私は自由のきくフリーランスの身。産後「家で子育てしながら働くなんて余裕」と思い込んでいたので、子どもが2歳になる頃まで、保活のことは考えていませんでした。

経験した今ならハッキリ言えます。

**たとえ在宅ワークでも、子育てしながら働くのは大変です！**

ご飯を作ったり、あやしたり、外に出かけて遊んだり。子どもが泣けば、仕事を途中で切り上げたり。集中力を維持することができません。

息子が1歳半になる頃はイヤイヤ期に突入し、私の仕事も忙しくなりました。この頃の息子は、公園や児童館に行けばおもちゃを振り回し、抱っこをすれば、かの有名なSFカンフー映画のワンシーン並に反り返る。そんな我が子を連れながら保活をはじめました。

しかし、私の住む地域は待機児童が多く、認可保育園の審査は落ちてしまいました。そこで、認証保育園と認可外保育園を10箇所ほど見学することに。「外遊びを重視している園」「24時間預けることができる園」「少人数のアットホームな園」など、認可外保育園は、認可保育園より特徴がハッキリしているので、より子どもの適性に合った園を見つけやすいと思います。

その中で、息子が体験入園で気に入った認可外保育園に通うことに決めました。認可外保育園は通うペースを自由に決められることが多く、息子も保育園に慣れるまでは、週2〜3でスタートし、少しずつ日数を増やしていきました。

通い始めた頃はイヤイヤもあったので心配でしたが、いざ預けてみると、息子は友達ができて楽しそうで、私も仕事が進みました。「無理しないで、もっと早いうちから預ければよかった」と、後悔したのを覚えています。

預けるまでに時間がかかったのは、私が内心、子どもを誰かに預けるということに罪悪感を抱いていたからです。

「お母さんだから、ずっと子どものそばにいなければならない」「お母さんだから、もっと頑張らないといけない」「お母さんだから、我慢しなければならない」そうやって、勝手に作った**「理想のお母さん像」が、自分自身を追い詰めていた**のです。

でも、保育園に通い始めてから、育児で困ったことがあれば、プロの保育士さんに相談できるようになり、心が軽やかになりました。息子も、子ども同士のコミュニケーションの中で、自然と言葉を話せるようになり、イヤイヤ期もおさまりました。

もし、あのまま預けることは良くないことだと思い込み、仕事を諦めて、孤独に育児をしていたら、ノイローゼになっていたと思います。大切な子どもだからこそ、気にかけすぎて疲れてしまったり、罪悪感を抱えて落ち込んでしまうこともあります。

息子は今、小学3年生になりました。人生ゲームで私が借金まみれになると悲しむような男の子に育ちました。「イヤイヤ期の面影どこ行った?」って感じです

息子と会話できるようになってわかったのは、「この子は、私が心から笑顔でいることで喜んでくれる」ということです。どうか、他人や自分が作った「理想のお母さん像」で己を追い詰めないでください。**あなたが「つらい」と思ったときは、「つらい」に間違いないのです。頼れるものに頼って、仕事でも趣味でもワクワクする時間を過ごしてください。**あなたが無理して頑張るより、自然に心から笑顔でいられることを、あなたの大切な人たちも嬉しく思うはずです。

第3章

# 子育てフリーランスのがんばりどころ

# ピンチはチャンス！
# フリーランス大黒柱になる

ズ〜ン
最近、夫の様子がおかしい…
モグ
モグ
食欲も減ってるし
睡眠も取れてないみたい
頬もさらにコケた気がする
ボ〜…
オィ
オィ
オィ
オィ
何より…
ごろ〜ん
ぐっちゃあ
ツッコミがない!!
人をダメにするソファ＋ふとん
いつもならこれだけ寝てたら…
また夜明けまでゲームして
いやぁあ あたいのふとんんん
クサッ お風呂入ってきて
もう昼やで起きや
ズバ
ズバ
ズバ
容赦ないツッコミがあるはず…!

気になる…
ザッ
最近どう？
普通
会社はどう？
………別に
その間!!
会社で何があった？
隠してもバレるぜ？
ズイ
何年一緒につるんでると思ってんだ
ズイ
ズイ
…
ねえ？
ねえ？
……
ねえ？
ねえ？
言いたくなかったら、無理して言わなくてもいいんだよ？
今日は
夫は観念して話す気になってくれました

今の職場、向いてないかも
…ごめん
…やっぱり
夫は、私の妊娠をきっかけに転職をしました
今の会社は転勤が多いし休みは少ないから転職しようと思う
生まれてくる赤ちゃんもパパといられて喜ぶね～
しかし、夫が転職した新しい会社は、福利厚生が充実しているものの…
セクハラ
モラハラ
パワハラ
様々な問題がある職場でした
そう、なんだ…
もっと早く相談してほしかったな…
夫が話してくれなかったことをもどかしくも感じましたが

もしかして家族に心配かけないように
我慢してくれてたのかな
そう感じて、何も言いませんでした
言ってくれてありがとう
夫の様子を見ると、本当は「今すぐやめていいよ」って言ってあげたい
でも実際、今、夫が会社をやめたら、どうなるんだろう？
私は今、駆け出しのフリーランスで、お小遣い程度の収入しかない
ソウちゃんはこれからどんどんお金がかかるし、生活していけるのかな…
私が不安そうな表情を隠しきれていなかったのか…
大丈夫辞めへんよ
夫は、働き続ける意思を伝えてくれました
……

そのとき私は、フリーランスになる前の
最近の若者は根性がない！
徹夜して終わらせろよ？
過酷な会社で働いていた頃のことを思い出しました
私にも今の夫と同じ状況があった…
あの時、体調不良と睡眠不足が続いて、まともな判断ができなかった
だけど結局、耐えることができずに…
ストレスハゲ
辞めます
ストレスヒゲ
私は、会社を辞めました
その後も、転職活動を何度も繰り返して…
なんで仕事できないの
いつになったら働くの？
邪魔なんだよ
カワグチさんってまだ就職…
ようやく、自分に合った会社と出会いました
わからないことはなんでも聞いてね
今までの会社と全然違う…

会社には、相性があるんだ…
ということを身にしみて実感しました
だから、夫も、もう一度、転職してもいいと思う
上司が変なジュースくれた
いる？
いらん
前の会社の方が仕事の話をしてくれることが多かったし
だけど夫は、独り身だった頃の私と違って
家族のために働こうとしている気持ちが大きいから
その判断を1人ですることはできないんじゃないかな
責任感が強いほど、真面目な人ほど、我慢してしまう
我慢した先には、何があるんだろう…
ゾッ

体と心が壊れてしまったら
この先、ずっと働けなくなるかもしれない
日常生活までまともに送れなくなるかも
そんなのは、絶対に嫌だ！
夫にも、働きたいと思える環境で働いてほしい
この先、ずっと働き続けるなら尚更
だけど夫は今、心も体も疲れ切ってることに気づいてない
少しずつ、少しずつ、背負いこんでいくと、
いざ重くなって耐えきれない状態になっても
気づくことができない
ズル
ズル
潰れてしまうその時まで
べメャ

私が…
言わなきゃ…
私は意を決して、夫にその言葉を伝えました
あのさ
会社、辞めよう
え？
言っちゃったあああ引き返せないぞおおだけどどうやって生活していくんんんん私の収入お小遣い程度だし失業保険っていくら？　いつから？
ダラダラ

まじで言ってんの
マジデス
私が働く理由は、育児をしながら好きな仕事をして大切な家族との時間を過ごすためだよ
そう、産後にフリーランスを続けるときに決めたんだ
あなたは
なんのために働くの？
……俺は、
そこまでやりたいこととかない
でも、普通に働ける仕事をしながら、
家族と一緒に過ごせたらいいなって思う

じゃあ、次はそういう会社を見つけよう！
あきたネ〜
同じ業界の友達の紹介とかでさ
せやな
数ケ月後、夫は、会社を辞めました
じゃ、仕事の打ち合わせ行ってきまーす
行ってらっしゃい
稼がなキャーー!!
貯金ねーし！
税金あるし！
カァッ
このままじゃ野垂れ死ぬ！
夫を休ませたい一方で、私は、収入を上げることに躍起になっていました

CAFE
MENU
じゃ、そんな感じでこの案件を進めて行こう
よろしく!
わかった!
それじゃ打ち合わせは終わりにして
フリーランスママ動画クリエイターサタ
フリーランスママWebデザイナーイシダ
本格的にフリーで活動するって本当?
うん夫が会社辞めることになって
だから…
お金ください!!
あ、違う!仕事ください!!
間違え方ストレート
オッケー任せて!
いろんな人に紹介するね
パン
ワーイ

でも、まだ子どもも小さいのに、そこまで働けるの？
やるしかない
のまなきゃやってられん
今の状況だとねぇ
ゴッ
ゴッ
ゴッ
ジュース
それに、これはいい機会だとも思うんだ
仕事復帰するって決めたくせに夫の稼ぎに頼っちゃって、ダラダラしてた
おかしいな～おかしいな～
フリーランス怪談
ちょっとサボろうとしたら
もう!?
夕飯時…
フリーランスは自己コントロールする力が必要だよね
それに今、立場が逆になって夫が大黒柱をしてたときの気持ちがわかったし
夫も育児と家事をする時間が増えて嬉しいんだ
夫婦で頑張ってるのね…！
ぐすっ
じゃあ先方に提案するから単価教えてくれる？
だいたいでいいから
た、単価って…？
そういうの相手が決めるんじゃないの？
え!!

見積もりは!?
!?!?
交渉は!?
いつも予算内でいいですよって言ってるけど…
えっ、えっ、
フリーランスなめとんかー!!
カァ
企業案件の実績もあるし金額は交渉した方がいいよ
イラストは出版や広告とか媒体によって相場が変わることもあるから
自分が納得いく金額を相手に提示して
Web連載の見出しになるカット1点を書いてください
3万円でいかがですか?
承知しましたよろしくお願いします
受注者
依頼者
お互いが納得できる金額と内容で契約して仕事をするんだよ
実力があっても、交渉が苦手で、フリーランスをやめる人もいるからね…
お金の交渉もフリーランスの仕事のうちよ
切ない…

あ、でも、サタさんはWebサイトに料金表を設定してるよね？
カワグチさんは出版社と仕事することが多いから交渉した方がいいかな？
うちは、依頼者が交渉に慣れていない個人や中小企業が多いから料金を設定してるよ
みんなお客さんの立場のことよく考えてるねー！
ほ〜〜
ちゃんと考えよ？
確かにこの仕事安いなーって思うこと結構あったんだけど
ハハハハナー
そんなもんかな〜って
そんなもんちゃう
なんかね「私なんかがお金をもらっていいの？」って思っちゃって…
私より絵がうまい人なんてたくさんいるし
それでもカワグチさんに依頼してくれるお客さんはいるでしょ？

何か価値があるから
誰かから必要と
されるんだよ
仕事を頼まれるって
信頼の証だから
期待以上の
仕事でした
ありがとうございます
またお願いしますね
カワグチさんに
頼んでよかったです
そう…
なの、かな
お金をもらうって、
抵抗があったけど…
誰かを喜ばせたり、
感動させたりする
価値を提供したことの
お返しなのかぁ…
「価値」って
見えないものだから
わかりにくいよね
だから信頼できる人に
聞いてみるのもアリよ
今みたいに
これからは
自分の価値を
知って
お金を
受け取って
いくね！
チャッ
話、
聞いてた？
でも、それだけ
今厳しい状況なら
会社員で働くって
いうのもアリじゃない？

それももちろん考えたよ…
だけど子どもが小さいと就職は難しそうだし…
何より!!
隙あらばゴロゴロしたい!
スキゴロ〜☆
グッ
会社員ではできないことね
わかる〜
それにね、夫が会社辞めて気づいたけど
人生って、本当に何が起こるかわからない
だから、何があっても、自分を信じて働き続けられる
フリーランスになりたいって思ったんだ
そうよ…結婚したら一生安泰なんて、幻想よ…
フル フル フル
一流企業で働いても一生安泰なんて言ってられない時代なのよ!
何があった…
カァッ
フリーランスって、気ままに1人で働くものだと思ってたけど…
仕事を依頼してもらったり
一緒に働いたり、相談に乗ってもらったり、
人と関わって働くものなんだなぁ
おー

# 自分に合った売り込み先を見つけよう！

駆け出しフリーランスの方から一番多い質問が「営業」についてです。みんな興味はあるものの、「なんだか怖い」と思って苦手意識を持っている人が多い印象です。私も独身の頃、営業をたくさんしたのに、なかなかいい結果が出なくてつらい思いをしました。

でも、今となってはその理由が明確にわかります。

「考える」部分が抜けていたのです。

何度も言うように、フリーランスで大事なことは「考えて」「行動し続ける」こと。どちらも欠かせないものです。

**営業は、一言で言うと、「告白」に似ています。**

とりあえず彼女ほしいんで付き合ってくださーい
映画がお好きなんですよね
ぼくも好きなんです
一緒に観に行きませんか？

例えば、AさんとBさんという男性がいて、あなたはこの2人から告白をされたとします。上のイラストを見てください。

あなたは、どちらの人とお付き合いしたいですか？

自分のことを知ってくれて、提案してくれるBさんの方が、好感度が高いですよね。営業も同じです。

考えなしで闇雲に営業をすると、Aさんのように空振りになってしまいます。

ただし、営業は営業。恋愛ではありませんので、「自分のサービスはどんな会社に合ってるのか？」を考え、狙いを定めたら、数打つ作戦でOKです。

**「行動」する前に、「自分のサービスは、**

**どんな会社に合うのか？」を考える。**ここからは、営業をする前に私が実践した、自分に合った売り込み先を見つける2つの方法をお伝えします。

## すぐに実践できる2つのリサーチ方法

### ①自己分析の結果から考える

あなたがもしライターなら、文章を書くスキルは当然求められます。**しかし、仕事を依頼したい人は、スキルだけでなく、「自分の会社に合っているライターなのか？」を知りたいのです。そのため、自分に合った売り込み先を見つけるためには、自分の「オリジナル」を理解して、伝える必要があります。**

本業のスキルとは別の「好きなこと」「興味のあること」「得意なこと」を知ること。あなたの性格や家族構成、住んでいる場所も組み合わせれば「オリジナル」になります。

ここで、1章の自己分析ワークが必要になります。めんどくさいかもしれませんが、**あなたの「オリジナル」要素をぜひ紙に書き出してください。**パソコンに打ち出すのでもOKです。文字にすることで、頭の中でモヤモヤしていたものが具体化し、頭の中がスッキリして、そのぶん新しくアイデアも湧きやすくなります。

あなたのオリジナル要素を書き出したら、そこから連想ゲームのように、どんな企業や媒体が自分のサービスに合っているかを考えてみましょう。そして、インターネットで売り込む先の会社を探し、リストを作りましょう。

イラストレーターやライターだからと言って、出版社だけに売り込みをしなくてもいいのです。自分のオリジナル要素を把握したら、それに関係する広告会社やウェブマガジン、動画製作会社などに営業するのもいいですね。**メジャーではないジャンルほど、ニーズが高くなりやすいです。**

例えば、私は、「家事時短研究」が趣味なので、家事時短の記事を掲載している大手出版社のウェブマガジンに営業し、仕事に繋がったことがあります。その仕事をして気づいたのは、ウェブ媒体は、書籍や広告の仕事より営業のハードルが低いということです。印刷などのコストがかからないぶん、企画も通りやすく、頻繁に記事をアップする事が多いので、連載仕事も取りやすいです。

## ②似ているサービスを提供している人からヒントを得る

売り込み先を見つける方法は他にもあります。

自分（の商品やサービス）と似ている人をインターネットで探し、その人のホームページを見て、どんな仕事をしているかリサーチします。

例えば、私の商品（ゆるくてコミカルなタッチ）と似た作風のイラストレーターの人は、主婦向けの人気雑誌A誌の仕事をしていました。この場合、他の主婦向け雑誌、B誌、C誌、D誌に営業をかけることができます。もちろんA誌に営業するのも自由です。

「そんな、人の仕事を奪うなんて……！」と思うかもしれませんが、もしかしたらA社は新しい企画を考えていてイラストレーターを探しているかもしれません。反対に、そのイラストレーターも、この仕事飽きたな〜と思っているかもしれません。

何はともあれ、こちらで推測しても外れることもありますので、細かいことは気にせずに、一緒に仕事をしたいと思う会社に売り込みましょう。

# 仕事に繋げる8つの方法

「自分にはどんなアピールポイントがあるのか？」「どんな会社に売り込めばいいのか？」
ここまで考えることができたら、次は、実際にどうやって仕事に繋げるかです！

慣れていない方にとって「売り込み」といえば、部屋の中で、企業の人と2人きり。そして「君の絵は個性がないんだよ〜」と、ダメ出しをくらい、落ち込んで帰る……。そんな、漫画やドラマでもよく見るシーンが思い浮かぶでしょうか。

対面では確かに厳しい評価をされることもありますが、スキルアップに繋がりますし、改善を重ねることで、依頼をいただけることも多いです。

しかし、この対面での売り込みは、私は産後は行いませんでした。外に出かけられる時間が限られるので、産前と同じような営業方法は難しかったのです。

**そこで私は、育児の間にできる郵送や電話、オンライン営業へと切り替えました。**

他にも、手軽に声をかけられる身近な人から仕事をもらったり、ＳＮＳやネットで発信する方法もあります。

ここでは、私が実践していた、育児中でもできる「仕事に繋げる8つの方法」についてお話しします。

もちろん、すべてに全力で取り組まなくても大丈夫です。いろんな方法を試して、自分に合った方法を見つけたら、それを伸ばしていけばＯＫです。

## ①育児中には「メール＋電話営業」

育児中の人におすすめなのが、「メール＋電話営業」です。２つを組み合わせることには理由があります。

私は育児中、対面営業が厳しくなり、まずはメール営業をはじめました。

しかし、メールを送るだけでは、返事すら来ないこともたびたび。一度、メールが届いていないのかと思い、出版社に問い合わせたことがあります。

その時、編集者の方は言いました。

「申し訳ございません。毎日たくさんメールが来ていて、見落としていました。お電話いただきありがとうございます。今から確認しますね」

私は反省しました。

「出版社の方は、忙しい中で時間を作り、私たちの作品を見てくれているんだ……」

**もっと相手の立場を想像し、どうすれば興味を持ってくれるかを考えようと思いました。そこでたどり着いたのが、「メール＋電話営業」です。**

私の場合は、先に売り込み先に電話をして、出来るだけ丁寧に挨拶し、ポートフォリオ（営業資料）の送り方（郵送・ＰＤＦ・サイトＵＲＬなど）を確認しましたが、メールと電話の順番はどちらが先でもいいと思います。

**挨拶をすることで、「この人はコミュニケーションができる人」と思ってもらえますし、信頼度が上がります。**

何度も言いますが、企業側にとって、フリーランスは得体のしれないものです。声を聞いてもらうことは、少しでも人となりを知ってもらえるきっかけになります。

また営業資料の扱いは、担当者さんの好みによって変わります。データで送ってほしい人もいれば、紙媒体で送ってほしい人もいます。企業によって資料の保管方法も違います。送り方を確認することで、企業側も、営業資料に目を通そうという気持ちになりやすいと思います。

また、最近ではオンライン打ち合わせが主流なので、ここぞ！という時の企業への売り

ポートフォリオを送りたいのですがメールと郵送どちらがよろしいですか？
ではメールでお願いします
ありがとうございます！
営業リスト

込みの時は、電話でオンライン打ち合わせの相談をしてみるのもいいと思います。

私は、この「メール＋電話営業」で、数十件営業をしました。ほとんどの企業が丁寧に対応してくれました。

しかし、何十件も営業していると、たまに感じが悪い人もいます。

そういうときは、資料は送りません。

**「メール＋電話営業」の実例**

**①挨拶・担当に変わってもらう**

カワグチ「初めまして。イラストレーターのカワグチマサミです。
御社の●●という雑誌で、イラストを描かせて頂きたいと思いご連絡いたしました。担当の方はいらっしゃいますでしょうか？

受付■■「はい、少々お待ちください。担当の者に代わります」

**②担当に挨拶・ポートフォリオを送っていいか確認**

カワグチ「初めまして。イラストレーターのカワグチマサミです。御社の雑誌●●を読んで、ぜひ、イラストを書かせていただきたいと思いご連絡いたしました。一度、ポートフォリオをご覧いただいてもよろしいでしょうか？」

編集▲▲「いいですよ」

**③ポートフォリオの送付方法を確認**

カワグチ「ありがとうございます！　では、ポートフォリオをお送りしたいのですが、メールと郵送、どちらがよろしいでしょうか？」

編集▲▲「では、メールでお願いします」

カワグチ「ありがとうございます！」

## ④送付方法、宛先に間違いがないか確認（特にメールの場合）

カワグチ「では▲▲さんのメールアドレスとお名前を漢字で教えていただいてもよろしいでしょうか？」

編集▲▲「はい。＊＊＊＠＊＊＊＊＊＊です。漢字は▲▲です」

カワグチ「確認させていただきます。＊＊＊＠＊＊＊＊＊＊ですね。すぐに送らせていただきます」

## ⑤挨拶

カワグチ「お忙しい中、ありがとうございました。よろしくお願いいたします」

編集▲▲「はい、こちらこそよろしくお願いいたします」

### メール営業例文

▲▲様

お世話になっております。

先ほどお電話をお掛けしましたイラストレーターのカワグチマサミです。

お忙しい中、ポートフォリオをご覧いただけるとのこと、嬉しく思います。

御社の雑誌、●●を拝見いたしまして、主婦向けの家事の特集に共感いたしました。

私自身も主婦で、家事の時短に興味があり、ぜひ、イラストを描かせていただきたいと思いました。（＋企業への特別な想い）

ポートフォリオをお送りいたします。

コミカルなタッチのイラストが得意です。

これまでに○○社で○○のイラスト、○○などの実績がございます。

下記、ドロップボックスのリンクからダウンロードできます。

http://＊＊＊＊＊＊＊＊＊＊＊＊＊＊＊＊

イラストが必要なときは、お気軽にお声をおかけくださいませ。

連絡先はこちらのメールアドレス、または携帯電話＊＊＊-＊＊＊＊-＊＊＊＊までお掛けくださいませ。

よろしくお願いいたします。

カワグチマサミ

## ②身近な人に言葉で伝える

私が産後復帰時に始めた営業方法は、身近な人から仕事を依頼してもらうこと、つまり「紹介」です。

「これからフリーランスで働きたい」という人や、取引先が企業ではなく、ユーザー（B to C）である人も、ダイレクト営業より、紹介で仕事を取るのが実践的ですね。

具体的には、まず周りの人に、「こういう仕事をしたい」と言葉で伝えるようにしました。広告や出版関係の人にはもちろんのこと、高校や大学からの友人にも伝えました。ホームページやブログを紹介するとよりわかりやすいでしょう。

夢を人に話すなんて、「もし失敗したら？」「バカにされたら？」と思うと、躊躇してしまいますよね。でも、**じつはすぐそこに、仕事を繋げてくれたり応援してくれる人がいるかもしれない**のです。それに、人の夢をバカにするような人は、自分のやりたいことができていない人なので、気にしなくて大丈夫です。

実際に、私は大学時代からの友人に「イラストの仕事がしたい」と伝えたところ、テレビ局のお仕事を紹介してもらったことがありました。

その友人は社交的な性格で、友人のそのまた友人がテレビ局の企画部署で働いていたのです。ちょうどイベントポスター用のイラストレーターを探していたらしく、友人が私の名刺（P111）を渡してくれて、お仕事に繋がりました。ホームページ風名刺はコンパクトなので、こういう時も役に立ちます。

### ③フリーランス向けのエージェントに登録する

スキルや希望条件を登録し、それにマッチした案件を提案してくれます。報酬からエージェントの仲介手数料が引かれますが、営業活動や経理なども代行してくれたり、福利厚生が充実しているところもあります。

・レバテック…ＩＴエンジニア・クリエイターのエージェント

https://levtech.jp/

・フジ子さん…オンラインアシスタントのエージェント
https://fujiko-san.com/
・SUGAR Iillustrators' Club…イラスト関連のビジネスを幅広く請け負うエージェント
https://www.sugarinc.net/
・スプーン…イラストレーションの制作、作家のマネージメントを行うエージェント
https://www.spoon.co.jp/

## ④クラウドソーシング・マーケットサイトに登録する

「ランサーズ」「クラウドワークス」などのクラウドソーシングサイト（仕事を発注したい企業や個人が、インターネットを通じて不特定多数の人々に仕事を依頼するサイト）は、自分で良さそうな案件を探して応募したり、自己アピールをする必要があります。私は実績のない頃、相性が良さそうな案件のみ応募していました。

「ココナラ」や「minne」などのマーケットサイトは、価格やスケジュールを自分で設定することができるので、子育て中のフリーランスにも利用しやすいと思います。

### クラウドソーシングサイト

・ランサーズ　https://www.lancers.jp/
・クラウドワークス　https://crowdworks.jp/for-emplayee/

**マーケットサイト**

・ココナラ…幅広いスキルやサービスを気軽に売り買いできるマーケットサイト
https://coconala.com/
・minne…ハンドメイド・クラフト作品のマーケットサイト
https://minne.com/

### ⑤フリーランス・起業支援施設を利用する

仕事に繋げるというよりも、仲間を見つけたり、相談できる場所のコミュニティとしておすすめです。ぜひ、地元の行政が運営しているフリーランスや起業の支援施設を探してみてください。

私も大阪市が運営しているクリエイター支援施設「ＭＥＢＩＣ」や、大阪のデザイナー・クリエイターの独立・創業を支援する「大阪デザイン振興プラザ（ＯＤＰ）」で交流会を通して信頼できる仲間と知り合い、活動の幅を広げることができました。

・日本商工会議所…全国515（2021年現在）の商工会議所の情報をとりまとめている団体　https://www.jcci.or.jp/
・よろず支援拠点…中小企業・小規模事業者向けの無料経営相談所
https://yorozu.smrj.go.jp/

## ⑥オンラインコミュニティに入ってみる

オンラインコミュニティとは、ウェブサービスやSNSなどを使った会員制コミュニティのことです。今までたくさんのフリーランスママたちに取材をしてきましたが、オンラインコミュニティで業界のことを学んだり、スキルを磨いたり、仕事仲間を見つける場所として利用している人はかなり多いです。

ただし、オンラインコミュニティはオーナーによって運営方法も内容も全く異なるので「相性」が大事です。月額払いがほとんどなので、入ってみて「思ってたんと違う」と思ったら、すぐに辞めることもできます。仕事に繋げるというより、信頼できる仲間を見つける場所と考えた方が楽しめると思います。

・ミューズ・アカデミー…子育て中のママのオンラインスキルスクール・コーチング・

コミュニティがひとつになったアカデミー　https://muse-academy.com/

・前田デザイン室…元・任天堂デザイナーの前田高志さんが率いるクリエイティブ集団

　https://whats.maeda-design-room.net/

## ⑦「外注スタッフ募集」「業務委託」を探して応募する

　企業によっては、自社のサイトで外部スタッフとして働けるフリーランスを募集しているところがあります。ネットで「外注スタッフ（あなたの職種）」などで検索してみてください。何社かヒットするはずです。そのような企業は、現時点でスタッフを探している状態なので、新規で営業するよりも仕事に繋がる可能性が高いです。また、求人情報サイトでも在宅ワークＯＫの求人もあります。私も、求人サイトで在宅ワークのデザインの仕事を見つけて、デザイン事務所から継続的にチラシ制作の仕事を受けていたことがあります。

## ⑧ＳＮＳで発信する

　今は、Twitter、Instagram、YouTubeなど、個人で発信できるＳＮＳがたくさんあります。それだけ、お仕事のご縁も繋がりやすくなりました。

好きな時間に自分の作品やサービスについて発信したり、情報を得たりすることができるので、SNSは育児中の人にもおすすめです。

しかし、どれもこれもに手を出して、すべてを全力でやろうと思うと疲れてしまいます。まずはたくさんあるメディアの特徴を掴んで、自分と相性の良いものに絞って発信をしていきましょう。

「自分のサービスの魅力が伝わりやすいメディアはどれか？」

「顧客になる人は、どのメディアを使っているか？」

など、サービスとSNSの特徴を照らし合わせて、気になるものから試してみてください。

**・Twitter**

リアルタイムで発信でき、タイムリーなトレンドをキャッチできるSNSです。画像、動画、ライブ音声も使えるので、どんな職種の人にも相性がいいと思います。過去のつぶやきは流れていきますが、拡散力はあり、バズるとフォロワーが一気に増えることもあります。140字の字数制限があるので、短文で気軽にコミュニケーションをとることができるツールでもあります。

・Instagram

写真が主役のメディアです。画像で魅力を伝えやすい、イラストレーターやハンドメイド系クリエイター、グルメ、飲食系の職種の人におすすめです。ライブ動画配信機能や、24時間で消える「ストーリー」という投稿もあります。ストーリーには質問やアンケート機能もあるので、マーケティングにも向いています。英語のハッシュタグを使う事で、海外の人とも繋がりやすいSNSです。

・Facebook

継続的に人と繋がることができるメディアです。他のSNSに比べてビジネス色が強く、会社員や起業家の人がよく利用しています。クライアントと繋がることで、継続的に自分のサービスを発信することができます。

・YouTube

動画投稿メディアです。今はテレビの代わりにYouTubeを見ている人も増えていると思います。動画は、どの職種でもアイデア次第でサービスの魅力を伝えることができます。お店を運営している人はお客さん目線で利用した動画を配信したり、講師やコンサル

タント業の人は、講演会やセミナーの様子を動画でアップしたり、クリエイターの人は、作品の制作過程を公開するのもおすすめです。

・**TikTok**

10代や20代の若いユーザーが多い動画SNS。ショートムービーが特徴なので、ゆっくり時間を取って見るコンテンツではなく、隙間時間や気軽に楽しめる動画プラットフォームです。恋愛や青春系の漫画を描いている人や、ファッション、美容など若者向けのサービスを扱っている人におすすめです。

・**音声アプリ**

最近では個人で音声配信ができるstand.fmやRadiotalkなどのアプリも人気です。動画で顔を出しながら配信するのはハードルが高いですが、声だけなら気軽に配信できます。また、音声は聴き続けることで親近感も抱いてもらいやすくなります。講師やコンサルタント業の人には特におすすめです。

## SNSを使う4つのポイント

### ①ホームページ（ブログ）と一緒に活用しよう

SNSを活用するのは大事ですが、Twitterはすぐに情報が流れてしまったり、Instagramではテキストが読みづらいこともあります。SNSだけでは情報が散らかってしまいやすいので、ホームページやブログと一緒に使うことをおすすめします。SNSであなたに興味を持った人がすぐ調べられるように、各SNSのプロフィールにホームページやブログのURLをリンクしておくといいですよ。

### ②興味のある人をフォローしてコメントする

まずは、自分が興味のある人や会社のアカウントをフォローし、コメントしてみましょう。憧れの人や、会社の中の人ともコミュニケーションが取れる可能性があるのがＳＮＳの魅力。リアルでもＳＮＳでも、人とご縁を結ぶときの方法は同じです。

## ③GIVE精神で情報を発信しよう

有名人は、たとえ日常の些細な出来事を発信しても、たくさんの人に見て反応してもらえます。では、有名じゃない人はどうすればたくさんの人に興味を持ってもらえるのでしょうか？それは誰かの役に立つ情報。あなたがライターなら、ライターを目指している人にとって役に立つ文章のハウツーを発信するのもいいでしょう。「いやいや、私の知識なんて！」と、ためらう人もいますが、自分が当たり前にやっていることでも他の人にとっては貴重な情報だったりします。

## ④あなた自身のことを発信しよう

仕事は先に信頼があって繋がります。まずはあなたが「どんな人なのか」を伝えることが大事です。「どのような思いで仕事を取り組んでいるのか」「どんな過程で商品を作っているのか」など。また、まだ形になっていないやりたいことを発信するのもおすすめです。私もエッセイ漫画の仕事がしたいけど依頼がないときに、「それなら勝手にエッセイ漫画を描いて、ＳＮＳにアップしよう！」と思って描き続け、それをキッカケに仕事に繋がりました。もし反応がなくて作品としてまとめて売り込むつもりでした。やりたいことは言葉だけでなく行動して形にすることで、応援してもらえたり、依頼してくれる人たちの目にも止まりやすくなったりします。

## 営業方法はバランス良く

驚かれるかもしれませんが、フォロワーが数万人いる人から「どうすれば仕事に繋がりますか?」と相談されることがあります。

もちろん、フォロワー数が多くて、仕事が絶えない人もいます。ですが、フォロワーの数がそのまま仕事に結びつくかどうかはわかりません。私のクライアントには、SNSをしていない人だっています。最終目的が「有名になりたい」「インフルエンサーになりたい」のであれば、SNSに力を入れる必要がありますが、「安定して稼ぎたい」「長くフリーランスで活動していきたい」と思うのなら、SNSだけにこだわらず、バランスよく営業をした方がいいです。SNSはあくまで営業手段のひとつ。ゲームに例えれば、武器のひとつということです。

## 本体は、あなた自身ということを忘れないでください。

頑張って発信しているのに成果が出ない人は、スキルそのものが足りていないということも考えられます。私はフリーランスになったばかりのころ、友人の紹介で仕事をもらったり、行政が主宰している支援施設や交流会に参加し、身近なところから実績を増やしました。そしてホームページやポートフォリオが充実してから、大手企業に持ち込み営業をしました。複数の営業方法を試し続け、5年目くらいからは、積極的に営業しなくても安定して働けるようになりました。フリーランスは、何か起こったときに自分をを守らないといけません。そのためにも、自分に合った仕事の入り口は広い方が安心できます。

# イラストレーターの私が仕事を進める流れ

自己分析や営業、発信を続けることで、ついに依頼が来ます。

コツコツ積み上げたあなたの行動の結果です。おめでとうございます！

しかし、「もうあと仕事してお金もらうだけ〜！」と油断すると足元をすくわれ、連絡ミスや納品ミスなどのトラブルを起こしてしまいます。駆け出しの頃の私のように……。

たくさんいる同業の中から、あなたを選んでくれた大切なクライアントです。

また次も依頼したいと思ってもらえるように、心を込めて、楽しみながら仕事に取り組みましょう。

## 依頼が来たら？

クライアントの中には、最初のメールで依頼の詳細が送られてくることもあれば、ざっくりした打診があり、こちらが依頼を受けてから詳細が送られてくることもあります。
案件の詳細をよく確認し、引き受けるかを考えて、返信するようにしましょう。

## スケジュールを確認する

子育て中は、スケジュールの調整も重要です。

「作業中、子どもを預けられるか？」「子育てしながら作業時間は確保できるか？」「他の案件と重ならないか？」など確認して、ゆとりのあるスケジュールを組むようにすると、何かあったときにも対応できます。私の場合は夫の仕事が激務だったので、**急なトラブルに備え、息子が幼稚園の時は2箇所の認可外保育園に登録していました。**小学生になった今も、自治体の学童保育のほか、民間学童保育に登録しています。

## クライアントについて調べる

クライアントのホームページ、ブログ、SNSがあればチェックし、できる限りの情報を把握しておきます。そうすることで、メールでも、打ち合わせでもスムーズにやりとりをすることができます。
また、ほとんどないことですが、調べたときに悪評がある会社なら、自分を守るためにも、最初からお断りするようにしています。

## クライアントにヒアリングすること

・案件の内容（クライアント名、掲載媒体、数、サイズ、希望タッチなど）
・納品方法（納品する際のデータ形式）
・使用範囲・期間（二次使用の可能性、いつまで掲載するかの期間）
・金額支払い（コンペの場合の支払い方法、入金の時期）
・スケジュール（打ち合わせ、下書き、完成品の締め切りの確認）
・打ち合わせの方法（対面かオンラインか）
・その他、自分のルールを伝える（修正回数や、連絡がつかない時間帯など）
・ウェブサイトやポートフォリオ掲載の可否（クライアントによってはＮＧのところもある）

以上のことをメールや打ち合わせで確認します。トラブルを未然に防ぐために、クライアントとのやりとりは電話でのやりとりではなく、メールでするようにしてください。万が一トラブルが起こった時、メールなら、契約内容も記録として残すことができます。

## 見積もりを出す

掲載媒体が書籍や雑誌である出版社では、ある程度予算も決まっているので、クライアントから金額を提示してくれることがほとんどです。

しかし、広告案件や、企業と直接のやりとりになると、その都度予算が変わるので、交渉が必要になります。クライアントから予算が提示されないときは、こちらから見積もりを出しましょう。私が行っている見積もり方法は3つあります。

### ①相手の予算を確認してから見積もりを出す

仕事を始めたばかりの頃や、実績がまだ足りていないときは、相場もよくわからない状態です。まずは、相手に予算を確認しましょう。

もし予算が自分が思っていたより低く、納得できない場合は、その理由を伝えて、希望の金額を提案してみてください。

### ②自分の納得する金額を提案してから見積もりを出す

経験を重ねることで、業界の相場や、自分のサービス価値に合う適正金額もわかってきます。そうすると、自分が納得できる金額を提案しやすくなります。

とはいえ、こちらの希望する金額がクライアントの予算からかけ離れていたら、反対に断られる可能性もあります。そのためにも、交渉するときのメールには、「こちらが希望の金額になりますが、厳しい場合はご相談ください」など、相談してもらえるような文章を添えるようにしています。

## ③料金表を提示して、交渉はしない

私の場合、基本的に出版社や企業からの依頼は、①②の方法で交渉をします。

ただし、自社にオリジナル商品があったり、顧客が交渉に慣れていないときは料金表を提示しています。

そのほか、ブライダルイベントで似顔絵サービスを出展した時がありましたが、そのときは、顧客が依頼しやすいように、料金表を設定しました。

色々な企業と取引をすることの多いクリエイターは、出版、動画、広告など媒体によって予算も大きく変わるので、その都度交渉する①②の方法をおすすめします。

## 依頼を断るときは？

妊娠中や育児中は、せっかく来た依頼を断らざるを得ない状況もあります。私も妊娠中に安静令が出てしまい、その時は、仕事を泣く泣くお断りしました。

しかし、せっかく自分を探して依頼してくれたクライアントですから、ご縁は繋げたいものです。ただ断るのではなく、また次回に仕事を受けられる時が来るように、「今はスケジュールが厳しいですが、○月以降でしたらお引き受けすることができます」と一言添えて、ＷＥＢのＵＲＬや営業資料を送るようにしていました。今できることをしておいて、仕事復帰したタイミングで、またこちらから声をかけるのもいいと思います。

一方で、クライアントがしつこく値下げをしてきたり、あまりにも安い単価で交渉してきたり、こちらから断りたいと思う時もあると思います。

一度仕事を断ると、次から仕事がもらえなくなるかも……と不安に思ってしまうかもしれませんが、今後ステージを上げていきたいなら、**今の自分に合わない案件を断る勇気も必要**です。

安い仕事ばかり引き受けていたら、いつまでたっても、どれだけ働いても収入が低い、という状況に陥ってしまいます。私の場合、この案件は今の自分に合っていないと思ったときは、「希望の金額（高め）で見積もりを出す」か、「スケジュールが厳しい」と伝えてお断りしています。

## 打ち合わせ

最近では、オンラインで打ち合わせをすることが増えてきました。移動をしなくても打ち合わせができるので、子育て中の人や、私のようにズボラな人にとってもありがたいことです。

打ち合わせは、仕事内容を確認するのはもちろんですが、クライアントと対等な信頼関係を築くものでもあります。

このヒアリングをしっかりできるかどうかが、仕事のパフォーマンスにも大きく影響します。次は、私が打ち合わせをスムーズに行うために心がけていることを紹介します。

### 打ち合わせで信頼関係を築くために

先に書いた「クライアントにヒアリングすること」に加えて、商品のターゲット層や、伝えたいメッセージを聞くのはもちろんのことですが、もう一歩信頼関係を築くために、私は**「クライアントの本来の目的」をヒアリングするようにしています。**

具体的には、「何のためにイラストが必要と思ったのか？」「なぜ私に依頼してくれたのか？」などです。

なぜなら、クライアントの最終目的は、「イラストを描いてもらう」ことではないからです。本来の目的は、その先にあるはず。

イラストを依頼した理由は、サービスをより多くの人に伝えるためなのか？　サイトのアクセスを稼いで集客を上げるためなのか？　その企業に親しみをもってもらうためなのか？など、目的によって、こちらが提案する内容も変わってきます。より具体的にヒアリングして、ニーズに沿って提案した方がいい仕事になるだけでなく、「この人は自社のことをしっかり考えてくれてるんだな」と、信頼にも繋がります。

## 契約書

じつは、書面を交わしていなくても、当事者が合意していれば仕事の契約は成立します。

しかし、フリーランスとして活動した10年を振り返ると、「契約書を書いておけばよかった……！」と思うことが何度もありました。文章のわかりにくさに投げ出してしまいたくなってしまう気持ちもわかりますが、何かトラブルにあったとき、自分を守ってくれるのはやはり契約書です。

契約書がない場合に考えられるトラブルとしては、イラストや写真などの場合、作品の使用範囲を好きに広げられてしまうことがあります。頼まれた案件のために描いたイラストが、まったく違う使われ方をしたら困りますよね。講師業の場合は、セミナー用に制作した資料が無断転載されるようなこともあるかもしれません。

また、ギャラの未払いや、提示されていた金額と実際に支払われた金額が違うというようなトラブルもありえます。

ここでは、契約書を取り交わす上での基本的な流れを説明します。

## クライアントから契約書が送られてくる場合

B to B（企業間取引）で仕事をしている人は、クライアントから契約書が送られてくることがほとんどです。

相手方の契約書には、自分（自社）にとって不利な項目がある可能性もあります。契約書にサインする前に、内容をよく確認して、疑問があれば相手に確認し、不都合なことがあれば書き換えてもらうように交渉しましょう。

### 自分で契約書を発行する場合

同一内容の契約書を2通作成し、各自1通ずつ保管します。

私の場合は、依頼に慣れていないクライアントに発行することが多いです。インターネット上にテンプレートがたくさんあるので、それを参考にオリジナルの契約書を作るのもいいと思いますが、法的にきちんと効力があるのかを確認するため、弁護士の方にリーガルチェックをしてもらうと安心です。

契約書を作ってもらう費用は弁護士事務所によってさまざまですが、だいたい5〜10万円くらいと言われています。小さな額ではありませんが、一度ひな形を作っておくと、この先もずっと使えるものなので、元は取れるはずです。

弁護士の方に頼むとしても、ある程度は契約書のことを学んでおいた方がいいです。おすすめ本は巻末の「子育てフリーランスのためのお役立ちBOOK」で紹介しています。

## 作業〜納品

### 作業を始める前に準備すること

契約を結んだら、いよいよ作業工程に入ります。頑張りすぎても、いい仕事ができるわ

イヤイヤイヤア
この週、忙しくなりそうだなー 一時預かり予約しとくかー
ソウくん2才 イヤイヤ期真っ盛りのころ

けではありません。リラックスして、楽しみながら仕事をしましょう。まずは、仕事のスケジュールを立てることから。

私は、忙しいときこそ、スケジュールを細かく設定するようにしています。**「もうマジでヤバイぞコレは」というくらい忙しいときは、1日単位のスケジュールを立てます。**実はこれは、ズボラに生きるためのコツでもあります。1日のノルマが終わったら思い切り休憩できるように、自らその日のゴールを設定するのです。忙しくないときは、特にスケジュールは立てず、好きな時間に仕事をしています。

## 「完璧」にこだわらない

ものづくりの仕事は、自分が納得するま

で作りたくなってしまうこともあります。ですが完成度にこだわりすぎると納期が守れなくなり、信頼を失ってしまいます。なので私は最初から完璧は目指さず、**最初にザクっと8割くらい終わらせて、残りの時間でブラッシュアップをかけるようにしています。**

## 修正は悪いことではない

修正はできるだけ避けたいですよね。私も、イラストのやりとりに慣れていないクライアントに対しては、「修正は2回まで」など契約書に明記するようにしています。

しかし、修正には「良くなる修正」もあります。例えば、以前、別の書籍を作っていたときの話です。編集者から、「漫画の枠線を細くした方が読みやすいのでは？」と指摘されたことがありました。正直、めんどくさい！と思いました。しかし、試しに枠線を細く修正してみると、あら不思議。読みやすくなったのです。これは、指摘してくれた人がその道のプロであり、「いいものを作ろう」という意志があったから「良くなる修正」になったのだと思います。**いい仕事をすると、その仕事は自分の代わりに営業してくれて、さらにいい仕事を連れてきてくれます。**修正するたび「良くなくなる修正」というのもあります。その場合は「修正したくない」と断るのではなく、クライアントに「なぜ修正したいのか？」を確認し、理由を知った上で相手の目的に合った提案をするようにしています。

### 納品

**・ファイル形式**

データを納品する際は、相手の指定したファイル形式で納品します。例えば、同じ画像データでも、(jpeg/png/psd/ai) など、さまざまな拡張子があります。打ち合わせでクライアントに、どのような形式で掲載するつもりなのかをしっかり確認しておきましょう。

**・送り方**

メールで大きいデータを送ると、相手のサーバーに負担をかけてしまいます。送信エラーになってしまうことも。イラストや写真など、大きなデータのやりとりをする人は、ファイル転送サービスを利用するのをおすすめします。私は、データのバックアップや削除データの復元もできるDropboxを利用しています。

## 請求書発行〜入金

### 請求書発行

無事に納品を終えたら、クライアントに請求書を発行します。私は会計ソフトの「freee」で請求書の管理をしています。

請求書を発行するときは、だいたいがその案件の最後のメールになります。なので、**私はそこで、クライアントに感謝の気持ちを伝えるようにしています。**また次回も仕事を依頼してもらえるように心を込めて。

## 入金確認

入金は、だいたいが請求書を発行した翌月か翌々月に振り込まれますが、企業や業界によって異なりますので、クライアントに確認しましょう。

指定した期日を越えても入金されていない場合は、1週間ほど様子を見てから連絡をするようにしています。私も何度か、「これはもしや未払いか⁉」と思うようなことがありました。しかし、結果的には、クライアントの手続きミスや、担当者が変わったことによる未払いで、連絡をすれば解決できました。意外と忘れられていることがあるので、まずは落ち着いて連絡をしましょう。

## 入金されなかったときはどうする?

### ①内容証明を送る

クライアントと連絡がつかずどうにもならないときは、「内容証明」を取引先に送る必要があります。内容証明とは、いつ、どんな内容の文書を送ったかということを郵便局に証明してもらう制度です。「請求を行った証拠」として利用できるため、クライアントに、このままでは裁判の可能性もあるぞ、とプレッシャーを与えることができます。利用の方法など詳しいことは郵便局のサイトに記載されています。

**②少額訴訟**

内容証明を送っても解決しない場合、訴訟という手段もあります。少額訴訟は、60万円を上限とした請求を対象に手続きすることができます。この訴訟を起こすような事がないようただただ祈るばかりです。

しかし、泣き寝入りはしたくない！という方は、選択肢のひとつとして覚えておくといいと思います。

**③フリーランス向けの窓口に相談する**

・フリーランス協会　https://www.freelance-jp.org/
・フリーナンス　https://freenance.net/
・フリーランス・トラブル１１０番　https://freelance110.jp/

今度イベントに出す
商品の価格
迷ってるんやけど
ちょっと
安いんちゃう？
ニャー
そっかなあ…
自信を
もてよ

10年以上フリーランスをしていても、仕事で疑問や迷いが出ることはあります。そんなときは、信頼できる同業仲間に相談することにしています。反対に、相談を受けることもたくさんあります。

自分なりにトラブルへの対処法を見つけていても、信頼できる人の意見を聞くことで、冷静になれたり、リアクションを起こしやすくなります。**フリーランスで働く人にとって、同業の友達というのはとても心強い存在です。**

繋がりを大切にするためにも、気になるイベントはチェックしたり、「#子育てフリーランス本」のタグを使って、近い状況の人たちとSNSで交流するのもおすすめです。

# 収入をアップさせるために やった7つのこと

「子どもが小学校に入って働く時間ができたし、キャリアアップしたい」
「実績も増えてきたし、ステップアップしたい」
フリーランスとして働き始めて、ある程度の実績ができたとき、そう思う人は少なくないと思います。中には、「とにかくもっとお金が欲しい！」と思う人もいるかもしれません。私はそうでした。夫が会社を辞めたときに、収入をアップさせようと、必死にもがきました。

**しかし、忘れてはいけないことがあります。お金を稼ぐというのは、人や社会に感謝された先にあるのです。**

子育てしながら、社会に貢献し、お金をたくさん稼ぐというのは、ラクなことではありません。実際に、私は働きすぎて体調を崩してしまったこともあります。お金を稼ぐには、それだけの時間も労力も必要になります。

それを踏まえて、私がキャリアアップのために「やってよかった」と感じたことを紹介します。すべてがあなたに向いているわけではないかもしれません。ですので、すべてを全力でやろうと思わずに、あなたのワクワクを基準に、取り入れてみてくださいね。

## ①二足以上のわらじを履く

フリーランスの仕事が軌道に乗り始めた2011年、東日本大震災が起こり、急に広告の案件がキャンセルされ続け、収入が激減しました。そのときに思いました。

**「フリーランスは何が起こるかわからない！　何が起こっても大丈夫なように仕事の幅を広げよう！」**

それからは、動画制作やグッズ販売、ライティング、講師業、他にもいろいろな業界の企業との仕事を増やしました。そのおかげもあり、コロナ禍でも、ありがたいことに仕事を続けられています。

世の中がピンチの時こそ、新しいビジネスも生まれます。例えば、コロナ禍で外出が難しくなったことから、飲食業界ではテイクアウトやウーバーイーツの需要が高まりました。私の仕事も、通信販売会社や食品会社の案件が増えました。また、在宅ワークが増えたことから、家事シェアや家事時短のニーズも高まっています。

どんな仕事をするか？　どんな会社と働くか？　自由に選択をすることができるのはフリーランスの大きなメリットです。活動を広げることで、まだ気づいていない自分の好きなこと、得意なことと出会えるかもしれません。

しかし、あまりに活動を広げすぎると、どれも中途半端になってしまいます。子育てフリーランスには子どものお世話もあるので、体力や時間の問題もあります。まず収入を安定させることを優先しながら、やりたいことにチャレンジすることをおすすめします。

## ②「オリジナル」を極める

何度も言うように、フリーランスのレベルアップには、「オリジナリティ」を磨くことが重要です。最初は、自分に何が向いているのか、何が強みなのかがわからない人も多いかもしれませんが、**実際に仕事を重ねたり、活動を広げることで、自分の「オリジナル」がわかるようになってきます。**

私もイラストレーターになったばかりの頃は「イラストを描けたらなんでもいい」と思っていたので、イラストの案件ならどんなものでも受けていました。すると、1年後にはナチュラルからファッション、アイコンのタッチまで、10タッチ以上描き分けられるようになりました。そうやって描き分けるうちに、自分自身でも「コミカルタッチを描くことが一番楽しいし、ニーズがある！」と気づくことができました。

それからは、ホームページや名刺にも「クスッと笑えるイラストが得意です」と記載し、営業を重ね、コミカルタッチの実績をどんどん増やしました。

このようにオリジナリティが高くなると、依頼の質が「誰でも良いからこの絵を描いて」から「あなたにぜひ描いてほしい」に変わり、単価も上がりやすくなります。

## ③断捨離する

「この仕事は以前よりワクワクしなくなったな」

「このクライアントとはもう仕事したくないな」

そのような仕事があれば、断捨離を検討してもいいと思います。

と言っても、「長い付き合いのあるクライアントとの仕事を断るのは気が引ける」と思ってしまいますよね。

私もなかなか断ることができませんでした。しかしその結果、駆け出しの頃と変わらない安い単価のままで、たくさん仕事をしているのに、満足できる収入を得ることができなくなっていきました。子どもや夫との時間も減って、家庭はギスギスしてしまい、私もストレスが溜まって疲れてしまいました。

仕事を断るのは勇気が必要ですが、あなたが断ったあと、そのクライアントは、あなたより経験が少ないフリーランスの人に依頼するかもしれません。そうやって、後輩に席を譲る気持ちで、**あなたが今一番ワクワクする仕事を優先的にやれば、いい循環が生まれます。それに、やりたい仕事というのは、いつ出会えるかわかりません。いざ、チャンスが降ってきたときに、掴めるように、スケジュールは少しゆとりをもたせた方がいいです。**

ある程度仕事が安定したら、細かな作業を断捨離することもおすすめです。私は、確定申告は税理士に、家事は最新家電にお任せしています。苦手なことは誰かや何かに頼んで、浮いた時間に得意なことで働いてお金を稼ぐ方が、長期的に見ると効率は上がります。

育児中だからこそ、家族との時間のためにも、ストレスになるような仕事は減らして、ワクワクする仕事を優先することをおすすめします。

## ④会いたいと思った人に会う

フリーランスは考えて行動し続けることが大切とお伝えしましたが、その「考え」や「行動」は、どこから影響を受けるでしょうか？

ＳＮＳ？　本？　インターネット？

どれも元を辿れば、すべて「人」です。


**私自身、一番ステージが上がったと感じたのは、自分の理想を体現している「人」に会った時です。**


「将来、この人みたいな仕事をしたい」

「この人のような働き方が理想的だな」

そう思う人と話せる機会があったら、ぜひ会いに行ってみてください。最近ではオンライン開催やアーカイブが残るイベントも増えているので、子育て中の人でも参加しやすくなりましたね。


ここで、理想の人に会いに行くときの注意点があります。

ビジネスモデルになるような人は、忙しい人がほとんどです。会いに行くときは、事前にその人のことをできる限り調べていきましょう。私はいつも、著書やブログ、インタビュー記事などを読むようにしています。その方が質の良い質問ができますし、相手からもいい印象を持ってもらいやすくなります。忙しい中、時間を空けてくれた相手への感謝の気持ちも忘れないようにしましょう。

## ⑤リピーターになってもらうことを心がける

フリーランスは経済的に不安定ということが一番のリスクです。しかし、ここをカバーできれば、精神面も安定して、とても働きやすくなります。具体的にどうすればいいか。ずばり、リピートしてくれる人を増やすことです。

イラストレーターやライターなら、連載を持てば持つほど経済的に安定します。もちろん営業して新規開拓することも大切ですが、すでに自分に興味を持って依頼してくれる人と仕事をする方が、スムーズにやりとりができます。

では、どういうことをしたら、リピーターが増えるのでしょうか？

じつは、日常生活の中にヒントがあります。**自分自身が依頼したり購入する立場のとき、「もう一度お願いしたい！」と思ったものを振り返ってメモをしておくのです。**

例えば、私が新しい美容院に行ったときのこと。髪の手入れをするのがめんどくさいので、いつも通り「髪が結べるくらいに切ってください」とオーダーしました。すると、担当の美容師は私に、「その長さがお気に入りなんですか？　短い髪も似合うと思いますよ」と、提案をしてくれました。

私は美容師に、「髪が結べる長さにしたいわけじゃなくて、手軽に髪の毛の手入れができるヘアスタイルにしたい」と伝えました。美容師の人は、手軽にセットができて、さらには洗髪も楽なショートスタイルにしてくれました。

それ以来、この美容院に通うようになりました。この美容師さんが、私が期待していた以上のサービスを提供してくれたことに感動したから、常連になったのです。

このときの私のように、「手軽なヘアセットは髪が結べる長さしかない」と思い込んでいる依頼者（顧客）は少なくないんです。なぜなら、私に美容業界の知識や経験がないように、依頼してくれる人も、こちらの業界に詳しくないのは自然なことだからです。

それからは私も、依頼してくれるお客様が、何のために自分のサービスを受けようとしてくれているのか、本来の目的を確認するようにしています。

他にも、実際に私がリピートしてもらえるように、やってきたことを紹介します。

・複数のイラストを納品するとき、すぐに確認できるように、イラストの一覧を並べたデータを渡す
・納期の前日など、余裕を持って納品する（そのためにも納期の設定にはゆとりをもたせる）
・名刺交換をしたらすぐにSNS（主にFacebook）で繋がり、継続的に自分の発信を見て

もらえるようにする

・単発漫画やイラストの依頼があったときは、登場人物の詳しい設定や、相関図、世界観などを書いた企画書を添え、連載に繋げやすくする

みなさんも、お店や商品をリピートしたいと思ったら、ぜひその理由を考えてみてくださいね。

## ⑥単価を上げる

これは、収入をアップする方法の中でも最もダイレクトなものです。それだけに、タイミングの見極めも大切です。スキルがまだ足りておらず、実績が少ない時に単価を上げても、さらに仕事が減ってしまう可能性もあります。

**単価を上げるということは、自分の提供できる価値もそれだけ上げなければならないということです。**

私が実際に単価を上げたときのエピソードをご紹介します。

子どもが幼稚園に入った頃、営業をした甲斐もあり、仕事がどんどん増えました。しかし、まだ子育てに手がかかる時期でもあり、寝る時間を削って目標の収入に届くまで働いていました。その様子を見かねた同業の友人が、「それだけ忙しくて、実績もあるんだから、単価を上げた方がいい」とアドバイスをくれました。

私は、それまでイラストの相場がわからず、とても安い金額で仕事を受けていたことに気づいていなかったのです。

このときの私の状況をまとめると……

・仕事の依頼は尽きることなく、スケジュールが厳しくなっていた
・ホームページ、ポートフォリオに載せる実績が充実してきた
・同業仲間に単価をあげたほうがいいとアドバイスされた
・イベントで顧客にアンケートをとったときに、「値段が安い」という意見が多かった

このタイミングで、さらなるスキルアップを目指すことを覚悟して、単価を上げることを決めました。

とはいえ、**すでに取引をしたことのあるクライアントに対して単価を上げるのはなかな**

**か難しいです。相手も、決まった予算の中で一緒に仕事ができる人を探しているからです。**

特にB to Cの職種の方は、途中から値上げをしたら、それまでリピートしてくれていたお客様からの信頼を失う可能性が多いにあります。それだけ最初の値段設定は大切です。そのためにも、しっかり相場をリサーチして、自分のサービス価値を把握し、値段設定を考えましょう。

ただ、どうしても、「長い付き合いのあるお客様との仕事だけど、この金額ではやる気が出ない」というときは、断られる可能性を覚悟して、正直に伝えて良いと思います。

もし断られても、「今」の自分のステージに合った仕事を受けていけばいいのです。

## ⑦作業効率を上げる

売り上げをアップさせたいとき、単価を上げることを考えがちですが、上げすぎて顧客が遠のいたり、依頼しづらいと思われるリスクもあります。一方、自分次第で、売り上げを上げる方法があります。それは、作業効率を高めることです。

まずは、自分自身に何ができるのかを考えて、スキルアップを目指しましょう。アイデアは思いついたときにメモしておく、家事をしながら音声アプリで勉強するなど、地道な

努力を積み重ねることが大切です。そのほか、パソコンの作業環境をグレードアップしたり、手軽に仕事ができるようにスペックの高いスマホを使ったり。最新家電に投資するのも有効です。収入が上がったら、ぜひ作業効率を上げるための投資をしてください。

子育てだけでも、やることはたくさんあります。効率よく作業をこなして、その時間でまた働いたり、休んだりして、バランスよくやりましょう。

第4章

# 家庭との「いい感じ」のバランスをめざして

# 働きすぎて夫婦危機！

夫が会社を辞めてから
私は家族を支えるために
パパパパパパー
今までみたいに、お小遣い程度の稼ぎじゃダメだ！
○×銀行
本格的にフリーランスとして活動することを決めました
それから2年が経ち
その間に夫も無事転職し
もう大丈夫 多分
ソウちゃんは幼稚園に入園しました
3歳になったネン
私は、営業や発信をしたり、人とのご縁のおかげで
納品まだですか？
アトモウチョットデス
ヒィ
ヒィ
仕事量も収入も上がり、忙しい日々を送っていました
それとともに、今までできていた家事ができなくなっていました
ぐっちゃ
ん
夫は建築関係の仕事で、朝は早く、夜は遅くまで働いていました
ブツ ブツ
洗い物が終わったら今日の分の仕事終わらせて…
ブツッ
ジャー
そのため、平日はワンオペ状態…

この頃は、1日1日を過ごすのに精一杯で
ああああああ
家事も仕事も全く終わってないどうしようどうしよう
家事時短などを考える余裕もありませんでした。
すぅー
よし寝た…
カァッ
眠いけど…仕事ぉ!
チク タク チク タク…
ズキ
お腹痛い…食べ過ぎかな?
ズキ
そして、原因不明の体調不良が続きました
スゥ
ただいま
さっき…
いつ帰ってたん!?
気配どこ行った!
あのさ 前にも言ったけど…
俺も働き出したし、仕事セーブしたら?
ピタッ
夫は、私に仕事をセーブするように勧めてきました

また…？
夫は、転職してから私に何度もそう言ってきました
そんな簡単に「セーブしたら」なんて言わないでよ！
妊娠中に全く働けなくなってどれだけつらかったか…！
でも、ソウちゃんもまだ小さいし、かわいそうやんか
…それ
言っちゃうんだ？
ママママママママー あそぼー？
ごめんね、今ちょっと忙しくて
私が働くことで、子どもに寂しい思いをさせてるのかな
本当は気づいてる
私が仕事で忙しくなればなるほど、
夫との関係が悪くなってるってこと

でも今ようやく、仕事が軌道に乗ったところなのに
もっとやりたいことがあるのに
これからなのに…！
なんで、わかってくれないの…？
私が働くのが悪いってこと!?
そんなこと言ってないやん！
ああ、もう止まらない
そっちが仕事をセーブしたら!?
そんなん無理ってわかってるやろ！
もういい
疲れたから寝る
パタン…
またた…

これで何度目だろう
話し合いをしようとして
拒絶されるの
この頃、夫とは顔を合わせるたびにぶつかっていました
そうだ仕事しよう
何を考えてるかわからない夫と向き合うよりやりがいがある
この世は金!金!金!!
金がありゃあなんだって解決できるわぁ!!
私は、夫と向き合うことをやめてお金の亡者に…
仕事もお金ももっと!もっとー!
働くことに集中しました
それからは、深夜まで仕事をすることが増えました
フリーランスにとってお金を稼ぐ楽しみは
一種の中毒のようなものでした

一方で、夫もさらに仕事が忙しくなり
今日も遅いから
残業や休日出勤をすることが増えました
わかった
あっちも私のこと避けてるんだ…一緒にいると気まずいから…
夫との距離はどんどん離れていきました
はっ
ママー元気ない？
ダメダメソウちゃんの前で暗い顔してちゃ
ニィ
そんなことないよ～ほら寝る用意しよ～
もっと遊ぶネン！
今夜も寝る気ゼロ☆
ねみ～
パパ最近帰ってくるの遅いネン
そだねー
寂しいね

ソウはママとパパと
一緒に遊ぶのが大好きやネン
クリとクラ
すぅ…
ソウちゃん…
もしや、夫婦仲気まずいこと、気づいてる!?
子どもって、親のことをよく見てる…
心配かけてごめんね
いてっ
グイィ
息子の言葉に、私は、夫と向き合おうと思いました

ー後日ー
ズオオオン
そうは言うものの
どう切り出せば…
カレーすきゃネ〜
ここは正々堂々と
真剣に話し合う？
ルーン
ねー
私と話さなーい？
いやいや、あえて
軽い感じの方が…
バッ
私と話し合おう!!
喧嘩にならない
ように笑顔で…
じゃあ、俺
会社行くわ
へ？
ウン
おいおい
おーい
今日は休日ですけどー!?
いや話し合う気
ないやーん!!
その日も、夫は夜遅くまで
帰ってきませんでした
夫はもう…
話し合いする気が
ないのかな…
えいやっ
えいやっ

ズキッ
あ、いたっ
私の原因不明の腹痛は、日に日にひどくなっていました
鎮痛剤飲んでも痛みが取れない…
ズキン
ズキン
病院行くべき!?
ソウちゃん、そろそろお風呂に入るから…
え〜いいとこなのに〜
お片付けして…ッ
あれ?
ズキン
ズキン
どんどん
ズッキン
痛くなって…
ママ?
ポタッ
何、この
ズッキン
ママァ?
ズキン
痛み…ッ
ズッキン

ソウちゃん…
ママ〜〜
ズッキン
ズッキン
ごめん…
私はお腹の痛みで、意識朦朧としました
ママー!
うっ
ママー!
ひっく
ママー!
うぇぇ
ママッ
ママァ…
ふぇぇ
ママママママ
ママママママ
あぁぁ
めっちゃ
呼ぶやん
うあーーーん
ママー
ママー
ママー
ママー
ママー
いてぇ…
息子の必死の呼びかけに、私は意識を取り戻しました

もしこのまま
倒れたら、
ソウちゃんは
どうなる？
お腹が空いてキッチンに
行って火をつけたら？
ポチッ
ぐぅ〜
ママ
がぁ
助けを求めて
外に飛び出したら？
ダダダ
ゾッ
倒れてなんか
いられる
かぁーッ!!
いやあぁ
うおぉ
ママ〜ッ
私は、渾身の力を振り絞って立ち上がりました
意識があるうちに
夫に電話しよう
ハァ
ハァ
夫
TRRRRRR
TRRRRRR
ハァハァ
フゥゥ
はい
ホッ
出た…！

実は、お腹がすごく痛くて…
ハァ
帰ってきてほしいんだけど…
病院には行けへんの?
ハァ
無理…もうずっと動けなくて…
ヒィ
他に症状は?
ハァ
汗が止まらなくて震えが止まらない
ヒィ
ハァ
だから…帰ってきてってば!
イラッ
ごめん、今から会議やから無理やわ
まさかの夫の答えに、
夫
プツッ
もう、何も、聞きたくない

私たち、本当に、このまま
うう〜っ いたい〜っ
ママァァ
元に戻れないのかな…
それから、どれくらい
時間が過ぎたのか…
目が覚めるとソウちゃんは私の横で眠っていました
泣きながら寝ちゃったのかな
スンッ
ズキン
グウッ
お腹の痛みは、どんどん増すばかりでした
そのとき
ピンポーン
ビクゥッ
ピンポーン
ハァ
ハァ
ハァ
こんな夜遅くに誰だろう?

何度かインターホンが鳴ったあと
ピンポーン
ピンポーン
ピンポーン
しつこい…
玄関のドアを激しく叩く音が聞こえました
ドンドンドン
こわっ
こんな弱ってる時に敵襲!?
カワグチさん救急隊員です!
ドア開けることできますか!?
!?
なんとドアを叩く人の正体は救急隊員でした
ぬあっ
なんでぇ!?
ビックリしてちょっと起きた→
私は、訳がわからないまま
廊下を這いずり
ズリィ…
ズリィ…
玄関のドアを
開けました
ガチャ
すると
その瞬間…

救急隊の人たちが、
カワグチマサミさんですね!?
ダダ
ダダ
一体、何が起こって…
勢いよく家の中に入ってきました
私はあっという間に救急車まで運ばれました
顔面蒼白!
脱水症状!
脈低下!
あれれ
私、結構ヤバい?
ガラガラ
ガラ
ガラ
あれそういえば…
ソウちゃんは!?
息子さんなら、大丈夫ですよ
救急車ヤネーン!!
キャッ
キャッ
すごい大丈夫だった

安心した途端に、少し冷静になり
フィー
ひとつの疑問が浮かび上がりました
なんで救急車が家に来たんだろう？
ソウちゃんが救急車を呼べるわけないし
隣の人が気づいて呼んでくれたのな？
救急隊員さんに聞いてみると…
誰が救急車を呼んでくれたんですか？
ご主人が連絡してくれたんですよ
搬送先で会えると思います
なんと、救急車を呼んだのは、夫でした
え、じゃあ あの時…？
ごめん、今から会議やから無理やわ
夫は私を見捨てたんじゃなかったってこと…!?

なんか、私たちって
こうやって
すれ違ってきたのかな…
ピーポー
一緒にいることに
慣れすぎて
お互い、
理解しようとする
こともサボりすぎて…
ピーポー
ピーポー
いつから
こうなっちゃったん
だろう…
ピーポー
ピーポー…
ピーポー…
ピーポー…
私が働くことが
悪いってこと!?
そんなこと
言ってない
やん!
ああ、もう
止まらない
そっちが
仕事をセーブ
したら!?
そんなん無理って
わかっ
あぁ…

また…
もういい
疲れたから寝る
話をそらされた…
こんな思いをするならこれ以上夫と向き合いたくない
拒絶されるのが怖い
いっぱい働いてお金を稼ぐんだ！
仕事は頑張るだけ結果が出るんだから！
そうやって見て見ぬふりをして
私たちの仲はどんどん悪化していったんだ…

でもなんで
私は
夫に拒絶されることが
怖かったんだろう…？
ー10年前ー
私と夫は、もともと趣味が同じで仲良くなりました
あっまた負けちゃった
ゲーム弱すぎ…
すぐ運ばれるやん
……
ピコン
ピコーン
ポコン…
うるさーい！もういい！漫画読む！
ザッ
図星→
送ったで
ピコーン
ピコーン
ピコ～ン
ピコーン
えっ
回復薬いっぱいくれた…
秘薬まで…
続きやるで
それだけあったら大丈夫やろ

この人と
ずっと一緒にいたい
おい
また
やられちゃったー
そう
思えたんだ…
そっか
だからか…
大切な人だから、
拒絶されることが
怖かったんだ
いつまで
寝てんねん
ああ
夫を傷つけるような言葉を
言ってしまったのも
避けられることが
「怖い」と感じたから
それはすべて
「この気持ち」から
寂しいね
生まれたことだと
気づかずに

大切な人に拒絶されて
悲しい気持ちを、素直に
伝えられずに
言わないでよ!
歪んだ態度で
表してしまっていた
私は、夫だけじゃなくて
自分の気持ちまで
見て見ぬふりしていた
私の心の奥にある
本当の気持ちは…
産後も、
好きな仕事を
続けたかった…
その気持ちを
認めてほしかった…
大切な人を
大切なものを
大切にできる
働き方が
したかった…!

私は、ただ
「いい感じ」に
働きたい
だけなんだ

# ワクワクするのも大事だけど、「いい感じ」の働き方も超大事

私は妊娠中に安静令が出てしまい、仕事をすべて断ったので、産後の仕事復帰は、ほぼゼロからのスタートでした。

夫は朝から夜遅くまで会社で働くサラリーマン。

「早く仕事に復帰したい」という思いを抱えながらも、収入がなかった私は、それを夫に伝えることもできず、ワンオペ育児の傍ら、少しずつ仕事の準備を始めました。

その甲斐あって子どもの成長とともに仕事が増えてくると、今度は夫とぶつかることが増えました。

1日で動ける時間は限られているのに、育児と家事をする時間に加え、仕事をする時間が必要になります。その中で優先していたのは、子どもの命に関わる育児と、責任が問われる仕事。そのため、家事はおろそかになり、睡眠時間は削られ、イライラすることも増えました。

夫とぶつからないように対策も考えましたが、その時は、解決方法に気づくことができませんでした。

**問題と向き合うためには、考える時間が必要です。**

慣れない育児、増えていく仕事、やり遂げられない家事に追われる生活で思考が止まり、夫との会話もなくなり、どんどんすれ違っていきました。夫からみても、1日中会社で働いて帰ってきて、妻との会話もなく、ただ家が荒れていく様子にストレスを感じていたと思います。

結果的に、一緒に住んでいるのに心がどんどん離れて、話し合いもできない状態になり、私は夫と向き合うことを、一度、諦めました。**心の奥底にある、「仲良くしたい」「話せなくて寂しい」「昔のように戻りたい」という本当の気持ちに蓋をして。**

その反動で、大好きだった睡眠も食事も趣味もどうでもよくなるくらい、仕事に没頭しました。

フリーランスは、働くほど、頑張るほど、その成果が自分に返ってきます。ワクワクする仕事には中毒性があります。

ですが、そのような働き方は、子育てをしながらでは、すぐに限界が来てしまいます。ストレスって、自分では抱えていることに気づきにくいものです。心の器がコップだとしたら、そこに少しずつ疲労の水がたまり、溢れ出す瞬間まで気づかない。溢れ出たときには、心身ともに取り返しがつかない状態になってしまっていることも。

**今振り返れば、倒れてしまう前に、体からSOSのサインはあったのです。**それを無視した結果、痛い目を見ることになりました。ひとつひとつは大したことないかもしれませんが、この状態を放っておくと、症状は悪化してしまいます。自分の体からSOSが聞こえたら、無視しないで、立ち止まって、自分の心と体に聞いてみてください。

**「私は、何のために働いてるのだろう？」**

そして最初に作った、「あなただけのフリーランスの地図」を広げて確認してください。あなたの「フリーランスの地図」には何が描かれていますか？

子育てフリーランスには、自分以外にも大切なものがたくさんあります。それらを守るためには、ワクワクする仕事をするだけではなく、働き方も大事ということを忘れないでくださいね。

## 産後こそ夫婦が本音でぶつかるタイミング

夫とは結婚する前、一緒にゲームをしたり、アニメのイベントに行ったり、それはもう仲がよく、ケンカをすることはほとんどありませんでした。

のろけているわけではありません。**それだけ仲が良くても、産後に不仲になってしまった、**ということです。

子どもが生まれたら、夫婦の暮らしから、子ども中心の暮らしに変わります。妊娠出産をキッカケに、働いていた仕事を辞めざるを得なくなることもあります。子どもの将来やお金のことも考えないといけません。**良くも悪くも、子育ては、夫婦が本音でぶつからざるを得ないタイミングなのだと思います。**それなのに、私と夫は腹を割るどころか、忙しい日々に、会話をする余裕までなくなっていました。

特に、私にとってイラストレーターの仕事は、小さい頃からの憧れもあったので、産後仕事がなくなったことでとても落ち込んでいました。子どもがいるのに「仕事が大切」と思うことそのものにも罪悪感も持ってしまい、働けないことは仕方ないことだと頭で理解しつつ、心では納得できずに我慢していたのです。

しかし、数年後、**孤独な育児をしているのは私だけではない、ということに気づくこと**

**ができました。**フリーランスママ向けのイベントに登壇したときに、「実は働きすぎて夫婦仲悪くなっちゃったことがあったんですよ～！　あのときはほんとにヤバかったです！」と話したら、それまで盛り上がっていた会場がシーンと静まり返ったのです。

関西人にとって滑るというのは致命的なこと。私は後悔してうろたえました。するると、会場の中からポツポツと、声が聞こえ始めました。

「私も同じ思いです」
「夫に理解してほしいのに」
「本当はもっと働きたいです」

みんな、同じ悩みを抱えていたのです。

家庭や夫婦の問題のことは、気軽に他人に話せるものではありません(私は、ヤケクソで面白おかしく話すことはありますけど)。だから、あまり聞く機会はないかもしれませんが、産後に夫婦がぶつかることは珍しいことではないんです。ただ、**子育てしながら働くのは当たり前だと思ってしまい、無理して頑張っている人が多いのです。**フリーランスに限らず、働いているママたちの多くが、抱えている悩みだと思います。

夫は家族のことを考えたくても仕事が忙しくて余裕がない。妻は育児と家事と仕事で、毎日が精一杯。そりゃぶつかるわって話です。

一方、子どもが幼稚園や小学校に入るタイミングで、夫婦の時間ができてゆっくり話し合い、仲直りしたというフリーランスママたちの話も多かったです。私自身もそうでした。それぞれの夫婦によって、本音で話し合うタイミングもいろいろあるのだと思います。

## 夫婦関係にモヤモヤ…どうする?

結論から言いますと、夫婦仲が悪いときは、仕事に励むことをおすすめします。というのも、じつは私は、夫とうまくいってないとき、ぐっと収入が上がりました。

夫と不仲のとき、私は何度も話し合おうとしました。でもそれは今思えば「理解してほしい」という一方的な気持ちでした。それが夫にも伝わっていたのか、なかなか冷静に話し合うことができませんでした。

**そこで私は、夫と向き合うことを一旦諦めて、仕事に集中することにしました。**現実逃避というやつです。でもこれが、いい選択だったと思います。

**目の前にある問題は、その時点の自分では解決できません。**

**でも、一歩高いところにいくと、問題を俯瞰して見ることができます。**自分の気持ちを整理できたり、捉え方が変わったり。問題にじーっと向き合っていても、ネガティブな気持ちが増えるだけです。私が現実逃避した先は「好きな仕事でお金を稼ぐこと」でした。

当初は、「とにかくお金があれば幸せになれる！」と、欲望に溢れていました。その目標を叶えるために、尊敬する人たちの本を読み、イベントにも積極的に参加しました。

イベントやSNSで知り合った人たちは、同じ興味を持っている人たちが多く、同じフリーランスママたちと、子育てや仕事、夢について語り合うことができたのはとても嬉しかったです。それまで、プライベートと仕事を一緒に話せるような人がいなかったから、なおさらです。いいご縁が、自然といい仕事に繋がっていきました。そして、私はあることに気づきました。

**仕事もプライベートもうまくいっている人は、「いい人」なんです。**

優しくて、誠実で、素直。でも、自分の価値を知っているから安売りはしません。楽しみながら仕事をして、誰かのために、世の中にも貢献して、たくさんの人から信頼されている。そんな人の周りには、「いい人」たちが集まり、「いい仕事」が生まれます。

もちろん中には、人を騙したり、虐げたりして豊かになっている人もいます。ですが、そういう人は、今の時代はＳＮＳなどですぐにバレてしまいます。

**フリーランスにとって一番大切なのは「信頼」です。**

「あの人は性格が悪い」なんて噂が立ったら、仕事にも影響してしまいます。

私も最初は「自分さえ稼げたらいい」と思っていました。ですが、尊敬する人が薦める本を読んだり、一緒にごはんを食べたり、ちょっとした日常会話をする中でも、「いい人」からの影響を受けるのです。私のやさぐれていた心は、いいご縁、いい仕事のおかげで、豊かになり、人のため、誰かのために仕事をしたいと思うようになっていました。お金しか見えていなかったカネゴンがいい人たちに囲まれて、いい人っぽくなってしまったんです。

そうなると、**次はステージが上がり、今まで見えなかった遠くの場所まで見渡すことができるようになります。夫婦関係についても、客観的に見られるようになるのです。**

私の場合は、仕事に夢中になりすぎて、振り返るタイミングが病院になってしまいましたが。そのとき、すでに私は、夫に対して「怒り」は感じていませんでした。仕事で学んだ自己分析をするクセを身につけていたからです。営業がうまくいかなかったとき、「なんで、うまくいかないのか？」「どうすればいいのだろう？」と考えます。夫に対する「怒り」についても同じように考えてみました。

「なんで私は夫に怒っていたのだろう？」

「働くことを理解して欲しかったから」

「その思いが、『怒り』として現れてしまっていた」

自分の感情を掘り下げることで、本当の自分の気持ちに気づくことができました。それと同時に怖くもなりました。あのとき、私が「怒り」のままに夫と向き合い続けたら、関係は破綻していたかもしれません。

問題は、焦って解決しなくても大丈夫です。**今はそのときじゃないと思ったら、一旦、問題を横に置いておいて、ワクワクするような、夢中になれることをしてください。**すると気持ちが上がり、視界が広がり、今まで見えていなかった相手の気持ちや、自分の反省するべき点にも気づくことができます。

その結果、いい方向に収まったり、問題と思っていたことが、どうでもよくなったりすることもあります。そのとき、振り返って、「やっぱりこの人ないわー」となったとしても、お金は必要ですし。

私の場合は、振り返ったときに、「私の方がないわー」となって反省して、今に至ります。

# すれちがっていた夫婦が向き合うまで

目が覚めると、
パチッ
よく寝てたな
夫とソウちゃんがいました
スゥ
スゥ
そっか私
救急車で
運ばれて…
ソウちゃん
片付けしなかったから
ママが倒れたって
泣いてた…
えぇっ
違うって
言った!?
言った
なら
いいけど…
あれ?
なんか普通に
会話できた…
夫婦仲よしな異世界転生?

お腹の痛みはどう？
まだ痛いけど、なんか気分いい
頭もスッキリしてる…
ゆっくり寝て落ち着いたんやろ
最近、イライラしてたしな
えーそんなイライラなんて～
………
イラアアァィ
してたな
あれだけ私が感じ悪かったら
夫も、機嫌悪くなっておかしくないかも…
ムス
寝不足でイライラしてたときは気づかなかったけど
スッキリした今になってわかる
あのときはおかしかったって
はぁーっ

こうなる前に仕事をセーブしてほしかった
働きすぎてたのは、俺が会社を辞めたせいやから
でももう大丈夫やし
ん？
もしかして、私を休ませるために残業や休日出勤してたの？
…うん
私のことを心配して…？
…まぁ
…………
……
なんじゃそーーん!!
いや、言ってよ!! 察するとかできないから!!
私たちエスパーじゃないんよ!!
バッ
さっしてさっして〜
さっしてくん
それそっくりそのままお返しするわ
さっしてさっして〜
ポーン

確かにキッカケはそうだったかもしれないけど
私ははじめから働きたいと思ってた!
私が働けばそっちも楽になるし…
って、お互いに思ってた?
…ってこと??
これってもしかして…
私たち…
すれ違ってる〜〜〜!?
前前年度くらいから ぼくらはすれ違ってたよ〜♪
…………
あれ?でもさ
何を…
私は何度も話し合おうとしたし!!
それなのにそっちが避けてよぉ!
思い出しオコ

不機嫌な状態で話し合っても
話が変な方向に行くだけやし
じと…
そんなことっ
…………あるかも!!
…お話中よろしいですか？
少し回復したようでよかったです
そうだ ここは病院だった
検査の結果ですが…
ねてるときにした
食中毒でした
!!?
しょしょしょしょ食中毒ぅー!?

で、でも、家族と同じものを食べてたんですけど…
まだ2日目のカレーを
健康な時は問題ない食事でも免疫が下がると食あたりを起こすことがあります
疲労や睡眠不足、不安、緊張などのストレスで免疫は下がりますからね
心当たりありすぎ!!
ストレス怖っ!
ありすぎ!
心
それじゃ点滴が終わったら教えてくださいね
パタン
俺のせいかな…
せやろ
働きすぎもあるやろけど
ズーン
働きたいって思ってるなんて知らなかった
私も、今話してわかったことばっかだよ!

だから話そう
2人が思ってること
もっと話そう
うん
今ならきっと、話し合える
心の奥底にある気持ちを
心配してくれてありがとうね
言葉にして伝え合う
こっちこそ話してくれてありがと…
「思いやり」を添えながら
そうしたら、きっとたとえ考え方が違っても認め合えるから
そして、いつの間にか迷子になってた働き方を
もう一度立ち止まって考えてみよう

今度こそ、大切なものを大切にする
働き方ができるように
あのとき、夫と前みたいな関係に戻れないことを悔やんだけど
戻ろうとしなくていいんだ
家族は、変わり続ける
出産したり
子育てしたり
働いたり
価値観も変わっていく
だからそのたびに素直な気持ちを言葉にして
帰ったら何食べようかな～
オムライスー！
まだ食べすぎたらアカンで
お互いのことを知っていくんだ

# 夫婦仲を良く保つために心がけている8つのこと

パートナーとのトラブルは仕事のメンタルにも影響します。夫婦仲が悪かった当時は、狭い家で、毎日顔を合わせているのに、会話もない虚しい日々……。正直、あの頃にはもう二度と戻りたくありません。これから先、末長く穏やかに過ごしたいものです。

ですが、夫婦と言っても結局は他人。生まれ育った場所も違えば、価値観も違うのは自然なことです。結婚は、そんな他人同士が長く一緒に暮らしていくものなんですよね。

特に、私と夫は性格も正反対です。私は大雑把で、思い立ったら行動する性格。夫は几帳面で、行動する前に慎重になる性格。それでも結婚したのは、お互いに自分が足りないものを持っていて惹かれたからです。

付き合っていたときは、自分と違う夫の考えが「ステキ～！　面白い～！」なんて思っていたような気もします。自分と違うところがあるからこそ、同じ価値観を見つけると嬉しくなります。

それがいつの間にか、**一緒にいることに慣れてしまって、「同じ考えであることが当たり前」と思うようになり、夫の気持ちを知ろうとすることをサボるようになっていました。**そうして気づけば、夫と2年ほど不仲になってしまいました。

過去の私に言いたいことはたくさんあります。ですが、夫とぶつかったから気づけたこともあります。その経験を省みて、今は心がけていることがいくつかあります。夫婦は事情も環境も、それぞれ違うので、答えもバラバラですが、私の失敗が、あなたの答えに繋がるヒントになれたら嬉しいです。

**①お互いに仕事の話をする**

これが、一番効果があったと思えることです。

子どもが寝て、夫が会社から帰り、夕飯を食べたあと、リビングで過ごす時間の中で、仕事の話をするようにしています。夫は自分から話をしないタイプなので、私から話しかけることが多いです。

人は鏡みたいなものなので、こちらがさらけ出した分、相手もさらけ出しやすくなります。**仕事の話をすることで、お互いのスケジュールも把握できるようになります。どちら**

**かが忙しい時はもうひとりが家事をするなど、自然と気配りもできるようになりました。**

また、夫の会社での様子がわかり、尊敬するようになりました。会社の後輩をフォローしていたり、お金の交渉が上手だったり、私が苦手なことが夫は得意だったりすることも発見でした。今までずっと一緒にいたのに、まだ知らないことがあったのかと驚きました。

夫も、このように仕事の話をするようになるまで、私のことを「趣味程度でイラストを描いている」と思っていたそうです。それを知ったときは少し、いやかなりイラッとしてしまいましたが、ちゃんと伝えてこなかったのだから、仕方ないことだと思います。

夫のように会社員の働き方しか知らない人には、在宅フリーランスの働き方は理解されにくいです。**私が「どんなクライアントとどんな仕事をして、どれだけ稼いでいるか」など具体的に伝えることで、ようやく理解してくれたようです。**

今は仕事の相談もします。相談されるということは、「あなたは頼りになる」ということですから嫌な気分になる人は少ないのではないでしょうか。

在宅フリーランスの人こそ、パートナーと仕事の話をする時間を習慣化することをおすすめします。

います。

## ②お互いの大切なものを尊重する

仕事以外のことでも、お互いが大切にしているものは同じように大切にするようにしています。

夫の趣味は魚釣りです。小学生の頃から、学校が終われば近所の池で毎日釣りをするほど好きだったようです。今は家族で、夏休みに川に鮎釣りなどに行きます。

ですが、私は全く釣りに興味がありません。正直、「釣りするより、お店で魚食べたい……」と思ってしまいます。釣り好きの人、ごめんなさい。

「趣味をやめてほしい」とは言いません。というか言えません。なぜなら、私にも大切なものがあるからです。

私は乙女ゲームが好きです。部屋には積まれたゲームが溢れています。学生の頃からプレイしていて、つらいときも悲しいときも、ゲームがあったから乗り越えることができました。**仕事の合間に乙女ゲームをするためにフリーランスになった、と言っても過言ではありません。**

もし乙女ゲームを捨てられたら？　二度とプレイするなと言われたら？　データを消されたら？　私は、一生、夫を許しません！

だから、夫の趣味の釣りも、奪いたくありません。

お互い、好きなことは違いますが、好きなものを大切にする気持ちは同じのはずです。お互いの大切なものを尊重することで、信頼関係は築けるのだと思います。

## ③「察して」と思わず、やってほしいことを具体的に伝える

夫婦は、一緒にいる時間が長くなると、お互い何も言わずともわかることも増えます。だから、相手が察してくれないときがあると、「なんでわからないの⁉」と、不信感を抱いてしまうのかもしれません。

**ですが、人はエスパーではありません。たまたま察することができたとしても、察し続けることはできません。なので、何かお願いしたいことがあるときは、「理由」と「具体性」と「思いやり」を加えるようにしています。**

もし夫から「洗い物やっといて！」とだけ言われたら、どう感じますか？

「は？　こっちも疲れてるんだけど！」と、イラっとしますよね。私はめっちゃします。

このセリフに「理由」と「具体性」と「思いやり」を加えると……

「今日は体調が悪いから、お皿洗いお願いできる？　明日、子どもが学校で使う分だけでもいいから。そっちも疲れてるのにごめんね」

同じ「洗い物をしてほしい」というお願いなのに、言い方ひとつで印象が変わりますよ

ね。夫婦で向き合うと決めたとき、一番心がけたのは、言葉を大切にすることでした。

## ④息をするように「ありがとう」

「ありがとう」は、人間関係を良くする呪文みたいなものです。しかもタダで使えます。夫だけでなく息子にも、何かしてくれたら必ず「ありがとう」を言うようにしています。以前、仕事で忙しく部屋が荒れていたとき、会社から帰ってきた夫が、疲れてるはずなのに掃除をしてくれたことがありました。そのとき「ごめんね、ごめんね、ほんとごめんね」と言い続けていたら「みじめになるからやめて」と言われました。その時に気づいたんです。「ごめんなさい」の言葉は大切だけど、「ありがとう」の言葉の方が、お互いが幸せな気持ちになれるんだな、と。誰かを傷つけてしまったり、自分が本当に悪いことをしてしまった時は「ごめんなさい」。そして、許してくれたら「ありがとう」。どんな場面でも、「ありがとう」の言葉をたくさん使うように意識しています。

## ⑤怒りのままに、言葉を交わさない

どれだけ仲良く過ごそうと思っていても、一緒に暮らしていれば、ぶつかることはあります。

「珍しく夕飯の準備ちゃんとしたのに、飲み会!?」
「ああ！　また、ゴミ出し忘れてる！」
「いびきうるせー！」

イライラーッ！　その怒りの衝動のままに相手に伝えてしまい、ドカーンとぶつかってしまったことは数え切れないほどあります。そのあと後悔して、自分を責めてしまうことも……。でも本当は、相手にわかってほしいことこそ、怒りながらではなく、冷静に伝えたほうが相手に届きやすいです。

もちろん、「怒り」は悪いものではありません。自然な感情です。わかってほしいことがあるのに、怒りながら伝えることで、逆にトラブルになってしまうのです。そう気づいてからは、**怒っているときは、その怒りの理由を見つけて、気持ちを整理してから夫に伝えることにしました。**具体的には、

・「今自分が怒っているな?」と感じたら、なぜ怒っているのか理由を考える

「今、カワグチマサミは怒っている。それはなぜか?」などアニメのナレーション風に考えると、自分を客観的に見られて落ち着きやすいです。紙に書き出すのもＯＫ。

**怒っている理由がわかったら、その気持ちを正直に伝え、どうしたら改善するか具体的に伝えましょう。**

「珍しく美味しいご飯を作ったのに、食べてくれなくて悲しかった…」

「だから遅くなりそうなときは、早めに連絡してくれると嬉しい」


怒りの理由を掘り下げていくと、「寂しい」「わかってほしい」「こうして欲しかった」という思いから生まれていることに気づきます。誰だって、怒って注意されるより、素直な気持ちや、冷静にどうしてほしいのか伝えた方が、理解しようと思えますよね。言葉で伝えるタイミングが難しいときは、メールで伝えるようにしています。文章にすることで、自分の気持ちも整理され、相手に伝わりやすくなります。

ただ、怒りのメールをぶつけてしまうと、表情が見えない分、直接話すよりもややこしくなるので、やらないように注意しています。

## ⑥デートをする時間を作る

これは、子どもが小さい頃からやっておけば良かったと思うことのひとつです。

家族みんなでいると、子ども中心の会話になります。そのため、夫婦同士で突っ込んだ話ができません。**仕事や、育児や、お金の相談は、夫婦時間でしかできないことです。**

夫婦でイチャイチャするのも、とても大切なことです。心と体は繋がっていますから、体が離れれば心も離れてしまうこともあります。夫と不仲だった頃は、夫婦間のスキンシップが全くありませんでした。これも、関係が悪くなった原因のひとつだと思います。**関係を良くするため、夫婦で月1回デートをすることにしました。**夫の会社が休みで、子どもが習い事や民間学童に行くときは、事前にデートをすることに決めます。決めて習慣にしないと、そういう時間はなかなか作れません。

映画を見たり、ゲーム屋さんに行ったり、夫婦でしか行けないオシャレなランチに行ったり。デートを始めた頃は、お互い子どもがいない空間に慣れず、ぎこちなかったです。それくらい夫婦の時間をないがしろにしていたということです。それに、「夫婦で過ごす時間のために、子どもを預けるのは悪いこと」と思っていました。

しかし今になると、それは思い込みで、息子からしたら、お母さんとお父さんの仲が悪い方がつらかったのではないかと思います。なので、もし親に頼れたり、民間学童や認可外保育園があるなら、1～2時間の少しの間でも子どもを預けて、夫婦の時間を楽しんでほしいです。夫婦だけでなく、家族みんなのためにも。

## ⑦名前で呼び合う

子育てが始まってから、自然と「パパ」「ママ」と呼び合うようになりました。何気なく始めたことですが、その言葉は、無意識のうちに相手を「お母さん役」「お父さん役」に当てはめようとしていたのかもしれません。私は子どものお母さんであって、夫にとっては、妻であり、パートナーなのに。

そんなある日、海外ドラマを見ていた私は、あることに気づきました。

「アメリカのドラマの夫婦って、イチャイチャしてるな～もう見てられない～……ていうか、名前で呼び合ってる……⁉」

海外ドラマの中の夫婦はお互いに「ママ」「パパ」ではなく、名前で呼び合っていたのです。そしてイチャイチャラブラブ。それを見て、うちも取り入れてみようと思いました。

しかし、私と夫は、付き合っていた頃でさえ「あんた」「自分」など、適当に呼び合っていたので、今になって名前で呼び合うのは、正直、こっぱずかしかったです。それでも名前で呼び合い続けていると、少しずつ私の中の夫に対する気持ちが変わり始めました。

「私は、夫の前ではお母さんにならなくていいんだ」

「ひとりの人として接してもらえるんだ」

母である前に私自身を見てくれている気がして、夫との距離が近づいたように思います。

## ⑧無理をして相手に合わせない

夫婦関係の本はたくさんあります。私も色々読みました。中には、「夫の好みに合わせる」「ダイエットや美容にお金をかける」などと書いてある本もありました。「夫と仲直りをするために！」と、私も健気に頑張ったことがありました。夫が好きそうなシンプルなファッションをしてみたり、きれい好きな夫を喜ばせようと部屋を毎日掃除してみたり。でも、そんなのは続きませんでした。楽しくないからです。

相手に合わせて自分を変えようとすることで、本当の自分からは離れていくように感じました。**相手のためだけに頑張っていると期待が大きくなるし、それは相手にとってもプレッシャーになってしまいます。**なので、無理して自分を変えようとするのはやめました。

もちろん、相手に合わせることで、自分自身も楽しめるならＯＫです！

我が家も先日、夫が『バチェラー・ジャパン』という男女のリアル恋愛バラエティを見ていたので一緒に見始めました。正直、リアルより乙女ゲームの方が興味ある私でしたが、結果的に夫よりハマってしまいました！　夫婦で男女のドラマを見るというのも新鮮でした。もし無理に付き合っても自分が楽しくなければパートナーにも伝わってしまいます。なのでいつでも自分のために楽しんでくださいね。

# 家事は頼れるものに頼る！

家事は無理をしてやらなくても大丈夫！

……とは言いましたが、生きている限り、家事がなくなることはありません。

だけど、私は家事が苦手です。

洗濯物を干せばシワシワに。洗い物は翌日に持ち越して臭くなり、子どもの体操服のゼッケンを縫えば、指が傷だらけ……なのに世間では、「主婦のスキル＝家事スキル」と思われることがしばしば。私も、家事ができない自分に対して「なんてダメな主婦なんだろう」と思っていました。

しかし、フリーランスになって気づいたことがあります。

**フリーランスの人は、「絵が描ける」「文章が上手」「計算が得意」など、自分のスキルを活かして仕事にしている人が多いですが、「家事」だってスキルのひとつじゃないでしょうか？** みんなが得意じゃなくてもおかしくないことのはずです。

家事が苦手だからと言って、その人の人間性を下に見る方がおかしい。得意なこと、好きなこと、ワクワクすることは、みんなバラバラなんですから。それに、**苦手なことは人に頼み、得意なことに集中する方がモチベーションが上がり、収入アップにも繋がります。**

なので、家事が苦手な人は、頼れるものに頼っちゃいましょう！

私は、収入が安定し始めたときに、家事時短のための家電やグッズを買いました。子育てフリーランスにとって家電を買うことは、仕事環境への設備投資にもなります。

便利な家電の中には、ドラム式乾燥機付き洗濯機のように10万円を超えるものもあります。私も買うまでに2年間もためらってしまいましたが、でももし、その2年の間にドラム式乾燥機付き洗濯機を購入していたら、毎日の洗濯が10分短縮され、1ヶ月で5時間、1年で60時間、2年で120時間も時短になります。他にも工夫を重ねたら、自由な時間はもっと増えるはず。

その時間で、家族と過ごしたり、仕事をしたり、趣味のゲームだって何本もクリアできます。そう考えたら、買い渋っていた時期をとても悔やみます。これからも働き続けるつもりであれば十分、元は取れるはず。

また、家事そのものの負担が減ることで、夫との協力もしやすくなりました。子育てフリーランスが働く環境を良くするために、家事時短の投資や工夫はとても大切です！

## その家事は本当に「しなければいけない」？

「ご飯を作らなければいけない」「掃除をしなければいけない」「洗い物をしなければいけない」世間では、こう思われていることがほとんどです。

私も、子どもが小さい頃、「ご飯は手作りじゃないと体に良いものを子どもに食べさせてあげられない」「夫も息子も手作りの方が喜ぶ」と、思っていました。

でも、そう思うと同時に、「めんどくさい」という思いが日に日に増していきました。なので「本当に今やってる家事は必要なのか？」という疑問をもち、どうにか解決できないか考えるようになりました。

そこで、無農薬無添加の食材が多い「コープ自然派」を頼んでみることにしました。すると、冷凍食品やレトルトでも、とっても美味しい！

子どもに良いものを食べさせたいという思いはありましたが、私自身は食に関して、こだわりはない方。コンビニ弁当もファーストフードも気にせず食べます。ただ、手間暇かけて作られた料理を食べるようになってから、毎日の食事が楽しみになりました。

食費もかなり上がることを予想していたのですが、そこまで変わりませんでした。以前よりちゃんと食材を選んで買い物をするようになり、「安いから買う」ということがなくなったからだと思います。今は、毎日美味しいご飯が食べられることに満足しています。

このように気づくことができたのは、「料理は手作りしないと、安全なものが食べられないし美味しくない」という常識を疑ったからです。

これは、仕事でも育児でも同じことが言えます。

**周りの人が、「当たり前」と受け入れていることでも、自分が「おかしいな」「しんどいな」と思ったら、その気持ちは本物です。** 疑問を持つことから、より楽しく、幸せになるための、アイデアが生まれます。なので、自分の気持ちを大切にしてくださいね。

## 一番の時短は、家事シェア

仕事のために、育児のために、家事時短を目指して、私はたくさん本を読んで実践しました。家事時短を取り入れることで、仕事をする時間が増えたり、子育てにもゆとりが生まれました。しかし、いつしかひとりで頑張っていることが虚しくなってしまいました。

**家事は家族のものなのに、なんで私がひとりで必死になっているんだろう。**

そこから、家事時短をするだけでなく、「家事シェア」をしようと思い始めました。と言っても、家事シェアは家事時短と違って、家族の協力が必要です。ひとりでできることではありません。特に我が家は、結婚当初、夫の仕事が忙しすぎて、夫婦の生活の始まりから「ワンオペが基本」でした。私も夫も、「家事シェアってなぁに?」「赤い彗星の人のこと?」っていうところから始まりました。

しかし、子育てが始まり、私も仕事が忙しくなり、夫とぶつかったことをキッカケに、家事シェアについてお互い意識せざるをえなくなりました。そうと決めて取り組みだした私たち夫婦でも、まだまだモヤッとすることはあります。

「いやなんで夫のパンツ、息子のタンスに入ってんねん」「洗濯物畳んだんやから、早く自分のクローゼットに持って行ってや」なんてことが、お互いしばしば起こってます。

フリーランスの仕事を安定させるために地道なレベル上げが必要なように、家事シェアも、夫婦の意思疎通レベルをあげていく必要があるんですよね。このように我が家もまだまだ、家事シェアレベルが高いわけではありません。

ですが、リアルタイムで向き合っているからこそ、気づいたこと、心がけていることをお伝えしたいと思います。

## 家事分担は、はっきり決めない

洗い物、洗濯物、掃除など、日常的な家事は、基本的に気がついた人や、疲れていない人がやるようにしています。分担をはっきり決めてしまうと、相手が忘れてしまったときに、イラッとしてしまうからです。分担にすることで「相手が（自分が）その家事をすることは当たり前」と思い込んでしまい、お互いのプレッシャーにもなると感じました。

ただ、パートナーが全く家事をしない人の場合は、まず1つ分担を決めてみるのが良いと思います。そこから自然に家事が習慣になっていけば、ぐっと楽になります。

## 家事には向き不向きがある

家事分担をきっちり決めることはしませんが、相手より向いている家事を率先するようにしています。例えば、私は家が汚れていても気にならないのですが、収納場所は気にします。なぜなら出かけるときいつも時間がギリギリなので、整理した場所を理解していないと遅刻してしまうからです。一方で、夫はキレイ好きなので掃除はしますが、整理することは苦手です。掃除と整理、一見似ている家事でも向き不向きがあるんですよね。

## やってほしいことは紙に書いて貼っておく

**家事シェアのポイントは「家事は継続するもの」ということをお互いに認識することです。**ですが、会社勤めで忙しい夫は家事を連日する余裕がないため、その意識が低いです。例えば、「料理をしてくれた後、お皿を水につけていたら洗い物が楽になる」ということを伝えても忘れてしまうんですよね。その都度言うのもイライラしちゃうので、ふせんに書いて目に止まるところに貼るようにしています。可愛いイラストやコメントを添えて。

## 目の前の失敗だけにフォーカスしない

「うわっまた洗濯物裏返ししてる！　何度も言ってるのに！」と、ついイラッとしちゃうことがあります。だけど、そこで相手の失敗を責めると、自分が失敗したときに責められても文句が言えません。なので、そういうときは、目の前の失敗にフォーカスしないようにしています。「洗濯物は裏返しだけど、ゴミ出しはしてくれたしな……」と、他に頑張ってくれたことを思い出して、心を鎮めてから言いたいことを伝えます。

## 家族で共有したいことはLINEでシェア

子どもの学校のプリントの整理って大変ですよね。うちはプリント類は写真を撮って、夫にＬＩＮＥでシェアしています。ＬＩＮＥのノート機能で投稿すれば、普段のコメントと分けて確認できます。また「＃子どもの名前」や「＃学校行事」などでハッシュタグを付ければ、後から検索することも簡単にできます。

## 結果ではなく、行動に「ありがとう」

最近の夫は、週末に料理を作ってくれます。本当にありがたいです。しかし、結婚当初、夫は全く料理ができませんでした。包丁の持ち方さえままならない様子で、お世辞にも「美味しい」とは言えない料理が続きました。ですが、結果が失敗だったとしても、料理を作ろうとしてくれたことは事実です。なので、**「頑張ってくれてありがとう」と、感謝の言葉を伝え続けました。**そして、回数を重ねるうちに本当に料理が上手くなりました。夫曰く、「会社で仕事がうまくいっても褒められることなんてないから、嬉しくて頑張れた」と言っていました。たまに「褒めすぎて嘘くさい。悔しいから頑張る」とも言っていましたけど。

## 家電は家族で相談して買う

家電は家族で話し合って買うようにしています。家族で使うものなので、みんなが気に入ったり、納得するものを買った方がいいからです。**自分で考えて、選んで、買うことで、使いたいという意識も持てるようになります。**

我が家は、家族でテレビの通販番組をよく見ています。プロの司会の人が、家電の良さをプレゼンしてくれるので、夫も息子もつい見てしまうようです。私はそのそばで、「すご〜い！　これがあったら家事が楽になるな〜」などガヤ芸人のようなことをしています。

## 洗濯物はそれぞれが片付ける

基本的に、洗濯物はリビングで畳んで仕分けをして、あとは家族それぞれが収納することにしています。**誰かひとりに洗濯物の作業をすべて任せることはしないです。全部やってしまうと、家事をしていない人は、家事の過程がわからなくなってしまいます。**「家事は気づかない間に終わっているもの」「家事は簡単にできるもの」と思ってしまうことも。

なので、畳んだ人に対して「ここまでやってくれてありがとう」の気持ちを伝えて、自分のものは自分で収納する。子どもも、小学生からは自分で衣類を整理しています。

## 家事シェアのポイントはズボラであること

ずばり言いますが、「家事と育児と仕事をうまくこなす」なんてことは不可能です。もちろん、すべてをパーフェクトにこなすエネルギッシュな人もいますが、その人だって言葉にしていないだけで、限界を超えて無理をしているかも。

家事と育児と仕事、すべて完璧にこなそうと思うと、誰かが無理をしないといけません。そして**完璧にこなし続けると、それが「自分の役割」になってしまうのです。周りの人は「この人は、全部やってくれる人なんだ」と任せて、自分たちは手を抜くようになります。**

私が家事を積極的にしない「ズボラキャラ」だから、我が家は夫と息子が家事を協力せざるを得ない環境になっています。私がたまに本気で掃除をすると、家族が心配するほどですが、それくらいでちょうどいいんです。それでもしパートナーが慣れない家事を始めた場合、できないことが多くて不満に思うこともあるかもしれません。でも「頑張ろう！」と始めたことに対して、文句を言われると誰だってやる気をなくしてしまいます。なので少しくらいは「ちょっとくらい洗い物の汚れが残ってても病気にはならへんし～」「美味しくないごはんでも食べれるわ～」などズボラな気持ちで構えてください。

ズボラで過ごす分、好きなことでお金を稼いで、家族が豊かになったらいいじゃないですか。もし今、「無理をしている」と感じてる人は、今やっている家事を見直して、ぜひ「ズボラキャラ」になってみてくださいね。

# 家族は「チーム」！

家族ってなんなのでしょうか？

辞書には「血縁のある関係、同じ家に住んでるもの」とあります。でもきっと、それだけじゃないですよね。ここまで、人間関係を学ばされる繋がりは他にありません。

ビジネス書を読むと、よく、家族を会社に例えていることがあります。同じ目的をもって、ひとつのものを運営していくという意味で。

**でも、家族には年齢の上下はあっても、肩書きの上下関係はありません。親が子より偉いわけではありません。**家族はみんな対等です。親だって、元々は子ども。子どもが大きくなって、親になっただけです。

ただ、親と子どもの「役割」は違います。

親は働き、家事をし、子どもを育てる。子どもは社会で働くために、学校に通い、勉強する。**役割が違うひとりひとりの人間が、ひとつの形になり、それぞれの暮らしをする。**

**家族は、「チーム」。**

私の中で一番しっくりきた言葉です。少年漫画のキャラクターたちもチームが多いですよね。『鬼滅の刃』や『ワンピース』もチームで物語を繰り広げます。キャラクターひとりひとり、性格も得意なことも違います。そんな個性的な人間たちがチームとなり、同じ目標に向かって力を合わせて乗り越えていく。目標も、チームによってバラバラです。鬼を倒して平和に暮らすことだったり、それぞれの夢を叶えるために冒険したり。家族の幸せの形も、それぞれ違います。

どんな暮らしをしたいのか？
どんな働き方をしたいのか？
どんな子育てをしたいのか？

これは、家族でたくさん話さないとわからないことです。そのためにも**会話をすることが大事。会話をするための習慣を作ることは、もっと大事です。**

ちなみに我が家では、2年前から「寝る前ラジオ」というものを続けています。寝る前に、家族みんなでベッドの上で、ひとりずつ「今日の悲しかったこと」「今日の楽しかったこと」を順番に話します。

夫は仕事で帰りが遅いので、主に週末だけ参加。息子と私は、ほぼ毎日続けています。

「寝る前ラジオ」をするメリットはたくさんあります。

・家族の状況を把握できる
・「寝る前にベッドで話す」を繰り返すことで、習慣化しやすい
・習慣化することで、子どもが忘れていたけどつらかったことや、親に言いづらいことも話しやすくなる
・寝る前なのでリラックスできて本音が話しやすい
・お互いを応援したり、励ましあえる
・仕事で忙しいときでも子どもと話す習

慣を作ることで罪悪感がなくなる

寝る前ラジオは、「悲しいこと」のあとに、「楽しいこと」を話すことがポイントです。楽しい気持ちのままで寝る方が、気分もいいですからね！

「寝る前ラジオ」をはじめてから、何かつらいことや悲しいことがあっても、家族に話せるとわかっているので、落ち込むことが減りました。家族の会話も増えて、チームの一体感が強くなったように思います。

## 家族で「やりたいこと」をシェアする

産後は、好きな仕事をたくさんしたい気持ちと、家族との時間を大切にしたい気持ちで葛藤しました。とくに、子どもに対しての罪悪感が大きかったです。

そんな思いを抱えながら働き続け、息子が小学生になったころ、仕事中に、部屋に入ってきた息子は私の顔を見て、こう言いました。

「ママ、お仕事いやなん？　こわい顔してるネン」

そのとき、私はハッとしました。

仕事が忙しくて、寝不足でクマができ、眉間にシワが寄った表情。葛藤と罪悪感を抱えながら働く様子は、子どもから見ると、怖い顔に映っていたのです。

「本当は好きで働いてる仕事なのに……」「これからもっとやりたいこともあるのに……」「なんでこんなもどかしい気持ちなんだろう……」

そこで私はごまかすのはやめて、自分の正直な気持ちを息子に伝えました。

「ママは、働くことが楽しいんだよ。これからやりたいこともある。だけど、仕事は楽しいだけじゃなくて大変なこともある。ソウと遊ぶ時間も減ってしまう。それで悲しくて怖い顔に見えてたんだと思う」

すると息子は、ニコッと笑いながら、

**「ママ、お仕事するのすきやってんねぇ。頑張って！」**

私のやりたいことを応援してくれました。

この前まで、「ハイハイできた」「言葉を話した」「スキップできた」と思っていたばかりなのに、いつの間にか、母の相談に乗れるまでに成長していました。

子どもは、子ども扱いをされるより、対等に話す方が喜びます。ほどよく頼られることで自信にも繋がります。家族に自分のやりたいことを伝え、応援してもらえるのは、とても嬉しくて、幸せなことなんだと、このとき気づきました。そして私も、家族のやりたいことを応援しようと決めました。

それからは、ごはんを食べているときや、「寝る前ラジオ」のときに、家族でそれぞれのやりたいこと、やってみたいことを話すようにしています。ポイントは、できるだけ詳しく。その方がお互い応援できるし、サポートすることができます。

「海外留学したい」「料理を習ってみたい」「温泉に行きたい」

やりたいことをするには、お金がかかることもあります。

そうなると、より一層仕事のモチベーションも上がるし、家族も応援しあえます。

たまに夫が会社を辞めたいという夢（というか悩み）を言うこともありますが、そんなときこそ、そう思った理由や気持ちを聞くことが大事です。

やりたいことの大きさは、みんなバラバラ。

**小さいことでも、ネガティブなことだっていい。家族みんなの、今の素直な想いを言葉で伝え合うこと。それによって、チームの結束力を高めることができます。**

そして、少年漫画のチームのように、家族が楽しいときは笑顔も喜びも何倍にもなり、家族が大変なときは力を合わせて乗り越えていけるのだと思います。

第5章

# 子育て
# フリーランスの
# リアル

子育て
フリーランスの
リアル
1

**オンライン秘書　ヒライツバサさん**

30代オンライン秘書。夫と3人の子供の5人家族。名刺制作やWeb周りのお手伝いを経て個人事業主やひとり社長のオンライン秘書となる。趣味は読書（漫画・小説）とショップカード集め。

## オンライン秘書ってどんな仕事？

ひとりで会社を経営している社長さんや、個人事業主の方のサポートをする仕事です。今は5人の方と定期で契約をしていて、具体的には資料作成、スケジュール管理、メール対応、打ち合わせに同席することもあります。人によってご要望がさまざまなので、ひとりひとりに合わせて対応しています。夜型のクライアントさんが朝早く打ち合わせがあるときはモーニングコールをすることも。一応、私は大学生のときに秘書検定準二級を取ったのですが、資格は必須ではありません。広く浅くでいいので、いろんなことができたり、興味を持てる方に向いていると思います。

## フリーランスになったきっかけ

中小企業の総務部で事務の仕事をしていて、1人目の育休中に「家で働けないかな？」

と思い始めたんです。夫の両親も高齢だし、自分もひとりっ子なので、何かあったときに動けるのは私しかいないなと。いずれフリーランスとして働くため、会社で働きながらＷｅｂデザインを習い始めましたが、私はデザインは好きだけどコーディングが苦手。そんなときTwitterで、会社で事務をやりながら名刺をデザインしたり、ちょっとしたホームページの更新なんかができて「オンライン秘書」として働いている人を見つけたんです。これだったら私にもできるかもしれない、と思って、秘書コミュニティの「秘書部」に入ったのがきっかけです。今も会社に籍はあるんですが、３人目の育休から、保育園に入れたら完全にフリーランスに移行する予定です。

## 仕事の繋げ方、営業方法

基本的には紹介でお仕事をいただいています。また、個人の秘書さんが代表になっているチームに入っていて、その方から振り分けてもらった作業をすることもあります。コミュニティ経由でクライアントの紹介があったりするので、横の繋がりは大事です。

営業は特にしていないんですが、ブログに「こんなことができますよ」という基本メニューの投稿をひとつ置いて、自己紹介をするときはそれを送ります。オンラインで一度打ち合わせをして、お試し10時間を１万円を挟ませていただいています。そこで合う合わないを見てもらって、お互いに問題なければ本契約に進む流れです。Ｗｅｂ上で秘書募集の求人に応募する場合は先方の提示する時給で働くことになりますが、紹介の場合はこちらから「私はこのくらいの時給でお願いしています」と提示しています。

何人かの秘書に同時に声をかけている方もいるし、アルバイトのように面談をして決まる場合も。同業者の知人には、忙しそうな個人事業主の方をＳＮＳで見つけて、ＤＭで営業をかけるというツワモノもいます。

## パートナーとの家事育児分担

9時半〜16時半までの子どもが保育園に通っているあいだを仕事のコアタイムにしていて、ひとりでできる作業は、子どもが寝たあとにやることもあります。夫は会社員で、もともと私の仕事に対しては「自分がやりたければやったら？」というスタンス。2人目妊娠中、フリーランスでやっていきたいと思って仕事に力を入れたけど、家事も全部自分がやらないといけなくて、不満が爆発しました。ただ、それ以降はむこうも協力的になって、私の仕事もだいたいどんなことをやっているか認識してくれるように。

とはいえ家事育児をきっちり分担してるわけではなく、「これやっといて」と言ってやってもらうことが多いです。食洗機と乾燥機付きの洗濯機は必須ですね。料理はしますが、自治体がやっているシルバー人材センターの方に週1で来ていただいて、夫の弁当に入れるおかずを作り置きしてもらっています。

## これからフリーランスを目指す人へ

オンライン秘書の場合、「CASTER BIZ」「フジ子さん」などの大手秘書チームに一度所属して、仕事の実績をつくるのが手っ取り早いです。実績ができると、クライアントさんからまた別の方を紹介していただけることも多いので、最初からたくさん仕事を取るより、しっかりした人とお仕事することが大事です。

私が仕事を広げる上で良かったのは、ママコミュニティに入ったこと。同じ業種や仕事というより、同じ境遇の人がたくさんいるところのほうが繋がりやすいし、融通も効くのでおすすめです。あまりイレギュラーなことはなく決まったことをやりたい人は、個人の秘書さんが代表になっているチームに入って割り振られた仕事をするという手もあります。

私自身、オンライン秘書はあくまで収入のひとつの柱と考えていて、ほかにも2、3個収入源が作れるといいなと思っています。

子育て
フリーランスの
リアル
2

**Webデザイナー　倉又美樹さん**

美大卒業後、都内の制作会社数社に勤務。エディトリアルデザイナーとしてキャリアを積んだ後、Ｗｅｂデザイナー／アートディレクターに転向。「デザインを作る」だけではなく「デザインを教える」活動を行っている。

## Webデザイナーってどんな仕事？

企業のＷｅｂサイトのデザインをメインに請け負っています。個人事業主としてパートナー契約をしているクライアントが5社あるので、そのサービスＬＰと、提供しているサービスのグラフィックを臨機応変に作ることが多いですね。ジャンルはあまり関係なく、クライアントそれぞれのニーズに合わせてデザインしています。

基本的に在宅でできる仕事ですが、２０２０年は夫の仕事の都合によりカナダに１年いたので、コロナの影響もあり、そこからは完全オンラインになりました。

そのほか、近年は大学・高校の非常勤講師やイベント登壇など、デザインを教えるお仕事も積極的にしています。

## フリーランスになったきっかけ

もともとはエディトリアルデザインの制作会社に勤めていましたが、かなりハードワークで、結婚を機に夫から「働き方を見直したほうがいいんじゃない？」と言われ、なるほどと思って会社を辞めました。それで転職活動をしてみたものの、制作会社は結局どこもハードワーク。辞めたときにクライアントさんも数人ついてきてくれたので、フリーでやっていけるんじゃないかと思って税理士の知人に相談してみたら、開業自体はかんたんにできると伺ったのでそのまま開業しました。エディトリアルからWebに転向するにあたって、スキルを身につけるため会社員に戻った時期もありますが、今フリーランス歴は7年くらいです。

## 仕事の繋げ方、営業方法

自分で仕事を取りにいくこともありますが、発信するというよりは、ネットに散らばっている情報を拾いにいく感じの営業が多いです。たとえば、Webサービスの「Figma」を勉強したいなと思ってコミュニティに入ったら、「Figmaのデータ整理を手伝ってくれる人いませんか？」という投稿をみつけて、「やりたいです」と言ってから、流れで別の案件もいろいろ回ってくるようになったり。

お金に関しては割と無頓着でやってきてしまったのですが、最低時給を決めてそれをベースに交渉したほうがいいなと思っています。Ｗｅｂデザイナーは更新しながら仕事が増えることが多く、サイト公開後の修正が１００個とかもザラなので、成果報酬制ではなく時給で計算してもらうことが多いです。

カナダに住んだときは、海外の人と仕事をしてみたかったので、「コミコン」みたいなオタクのイベントに単身乗り込みました。「日本の文化に優しそうだから日本人というバリューが活かせるかもしれない」と思って（笑）。つたない英語でアピールしたら「日本から来たなんかよくわかんない人が『デザインができる』と言っている」ということだけはなんとか伝わって、ボランティアですが、そこでデザインをしてもう2年目になります。

## パートナーとの家事育児分担

夫と2歳半の息子と3人暮らしです。日本で出産して、息子が1歳のときにカナダに渡航して、２歳でまた日本に戻ってきました。夫はかなり協力的で、毎日の寝かしつけをほぼ請け負ってくれていますが、カナダに行く前はワンオペのことが多くて、定期的にベビーシッターに来てもらっていました。うちの息子が早産だったので、1歳くらいまでは集団生活をしないほうが良さそうだという事情があり、保育園は申し込みませんでした。お金はかかりましたが、今後のキャリアを考えると、まったく動かない1年を作るよりは、ベビーシッターに1年60万円のコストがかかってもそのほうがいいなという判断で。夫とぶつかることはありますが、話し合いで解決しています。何か指摘するときは、自分がどう感じたかではなくて、「プラスチックのゴミは捨てる前に洗わないといけないんだよ」とか、明確なガイドラインを伝えるようにしています。気持ちの問題にすると、相手と感じ方が違うときにこじれるから良くないんですよね。あとは、「プラゴミは洗ったほうがあとから臭くならないのでいいと思うよ」とか、メリットを伝えるのも有効です。

## これからフリーランスを目指す人へ

「言いづらいけど大事なことは初手で話したほうがいい」というのが最近の結論です。これは家族でも仕事相手でもそうですが、お金のことやスケジュールのことは、距離感が近ければ近いほど、早めに相談することが信頼関係にかかわってきます。

それと、実感として自分で仕事を取りに行ってマッチングした会社は合っていることが多いので、情報を進んで探しに行くのは大切。「私はできると思いまーす」と言って手を挙げる感じ。今自分がやりたいかどうかと、その事業に発展性があるかどうかの2軸で判断しています。最初はボランティアだったりすることもありますが、自分が興味を持った案件をきちんとやっていくことが、次の仕事に繋がる第一歩だと思います。

子育て
フリーランスの
リアル
**3**

**アフィリエイター　せらなつこ**さん

36歳、夫と娘と3人暮らし。30歳の時、スキルゼロでフリーランスに。ライター、アフィリエイター、Ｗｅｂラジオパーソナリティー、占い師、動画編集他。座右の銘は「やりたいことは、全部やる」。趣味はジャニーズ。

## アフィリエイターってどんな仕事？

わかりやすく言うと、楽天市場やAmazonで買ったものを、自分専用に発行したリンクで紹介するというものです。本格的にやり始めたらＳＥＯやサイト設計、ＳＮＳとの連動も考えないといけないんですが、とりあえずは自分が買ったものを友達に紹介するように記事にして、その商品が売れたらこちらに広告収入が入る仕組みです。ただ、楽天やAmazonの商品は1件紹介して売れても何十円何百円の世界なので、手早くがっつり稼ぎたい！という人には、企業のＰＲ案件というのもあります。こちらは、１つ売れたら何千円入ってくるものもあるので、分析やライティングが好きな方はそういうタイプのアフィリエイトを学んだら楽しく稼げる可能性もあると思います。また、クリックされることで広告収入が入る「グーグルアドセンス」という広告配信サービスもあります。

## フリーランスになったきっかけ

高校卒業後、地元福岡のバンドのスタッフとしてお手伝いをしつつ、知人の会社でバイトをしていました。そのバンドが解散したので、そろそろ両親を安心させようと思って24歳で中小企業に正社員として入社。バイトをしていた会社は楽天やヤフーに出店しているECサイトで、就職した会社も化粧品の並行輸入をやっているオンラインショップでした。その会社でアフィリエイトの仕組みに出会ったんです。

当時はアフィリエイターさんに商品を売ってもらう側だったんですが、たまたまセミナーに参加して、そこで初心者向けのアフィリエイトの仕組みを知りました。じゃあ個人的にやってみようかな、と思ったのが最初のきっかけです。そのあと6~7年正社員で働いてたんですが、29歳のとき結婚を考えはじめ、高卒で特にスキルもないし、出産したあとでもアフィリエイトなら在宅で稼げるんじゃないかなと。それで会社を辞めてその下準備に入ろう、と決意したのが30歳。そこからフリーランスになりました。

## 仕事の繋げ方、営業方法

会社員のときは化粧品を社割で安く買えたので、定期的にブランドコスメのおすすめ記事を自分のブログに書いていました。独学のときはなかなか軌道に乗らなかったけど、

「ブログで稼ぐにはどうしたらいいか」という体験をシェアするオンラインサロンに入って、1年くらい経ってやっと収益が出てきました。結局、うまくいっている人から話を聞くのが一番速いんです。最近はほとんど記事を更新してないんですが、当時書いた記事が検索上位に出てくるのでそれが稼ぎ続けてくれています。産後働けなかった時期にとても助けられたので、子育てしながら稼ぐにはアフィリエイトはアリだなぁと改めて感じているところです。

最近は、できるだけ自分が稼働しなくても稼げる仕組みを作ろうと思って、姉や産休中の友人に記事を外注し、それを仕上げたり、サイト分析のツールを使って順位が上がるように記事を書き直したりしています。おもしろそうなことには手を出しちゃう性格なので、アフィリエイトだけでなく、Voicyでの有料音声配信と、今年からは占い師も始めました。最終的には、収入の柱が3本くらいあればいいなと思い現在も試行錯誤中です。

### パートナーとの家事育児分担

同い年の夫と、1歳10ヶ月の娘の3人家族です。うちは夫もフリーランスなので、お互いに仕事の時間を確保して稼がないとやっていけません。お昼寝の時間に交代したりはしていたんですが、まとまった時間が全然取れないので、子どもは10ヶ月から認可外保育園に預けています。

生活費は10万円ずつ家計に入れればＯＫということにして、お互い自由にやっています。夫は結婚前から子育てをしたいと言っていたので、積極的に丸投げしています（笑）。家事もできるし料理も彼のほうがうまいし「気づいたほうがやる」スタイル。

たまに夫にイライラすることはあるんですが、爆発する前にこまめに言うようにしています。基本的には似た者同士なのですが、占いを勉強して、夫は夫で別の人間なんだなということがわかるようになったのも良かったです。

## これからフリーランスを目指す人へ

フリーランスって聞くと、ハードルが高く感じてしまいますよね。特別なスキルがないとフリーランスになれないんじゃないか、何か資格を持っていないとダメなんじゃないか……。私も、同じように思っていました。でも、大丈夫。私は、学歴があるわけでも、特別なスキルや資格を持っているわけでもありません。「おもしろそう！」と思ったことを本やネットで勉強し、とにかく手を動かしてやってみた結果、失敗しながらも稼げるようになりました。すべては、自分自身だと思いますし、フリーランスを目指すのは何歳からでも遅くないと思います。

子育て
フリーランスの
リアル
4

コミュニティマネジャー　**浜田綾**さん

39歳、ライター、コミュニティマネジャー。自営業の夫、長男（12歳）、次男（8歳）、実母の5人暮らし。ゆるキャリOL歴11年を経て、フリーライターとして活動後、デザイン会社に入社。特技は人のお世話と人の観察。

## コミュニティマネジャーってどんな仕事？

株式会社ＮＡＳＵというデザイン事務所の広報と、コミュニティ事業をやっています。広報の仕事はオウンドメディアの編集長や、本の執筆協力、メディアチェックなど。フリーランス期間を経て、今は会社員として働いています。所属会社で「前田デザイン室」というオンラインコミュニティを運営しているので、そこをメインでマネジメントしつつ、最近はアドバイザーとして企業のコミュニティ作りのアドバイスをする仕事も始めました。コミュニティマネジャーは、そこに集うみんなのお母さんみたいな仕事ですね。

## フリーランスになったきっかけ

学生のときからなりたい職業も出世欲もなくて、家庭がほしいという気持ちのほうが強かったんです。だから結婚しても無理せず働ける仕事に就きたくて、事務の仕事をしていました。5年働きましたが、上司のパワハラもあり結婚・妊娠を機に退職。

念願の家族を持ってすごく幸せだったんですが、根底に「何かを頑張りたい」という気持ちはあったので、家の近所の会社で事務のパートをするようになりました。とてもいい会社で、2人目出産のときは育休も取らせてもらいました。でもあるとき、長男が「習い事を辞めたい」と言い出して、喧嘩になったんです。自分からやりたいと言ったのに、とすごく腹が立って、気持ちの整理のためにブログを書きました。読み返すとその文章が本当に自分勝手で、いかに子どもに理想を押し付けていたかということに気づいたんです。

そこからは変わりたいと思って、本当に自分が夢中になれることを探しました。ブログは趣味で書いていたので、広告収入の仕組みを勉強したら副業になるんじゃないかと思い、コミュニティに入りました。その主宰の人が新規メディアのライターを募集していたので挑戦してみようと思って、文章を書く仕事を始めたんです。ブロガーとして広告系の記事を書くよりもライター業が楽しくなって、1年間パートと兼業で働き、ライター収入が上回ったタイミングでフリーランスになりました。

## 仕事の繋げ方・営業方法

ライターになってしばらくして、月15万～20万くらいまでは稼げるようになったんですが、フリーランスの20万は、税金を引かれると会社員よりずっと少ない。もっとキャリアアップしたいなと思って、本作りの編集コミュニティに入りました。電子書籍のプロジェクトリーダーをやっていたのですが、そのうちに「コミュニティマネジャーをやらない？」と誘われました。最初、それは私の仕事じゃなくない？と思ったんですが、声をかけてくれた方を尊敬していたのもあって、引き受けてみたんです。

ただ、それが24時間ずーっとメッセンジャーでやりとりするような仕事で、楽しいけれど、がんばりすぎてバランスが取りづらくなってきて。それで一旦コミュニティ運営は辞めたのですが、ライターとして働いても、思ったほど大きな発展はありませんでした。それに、離れたコミュニティのことがやっぱり気になっている自分に気づいたんです。

それを今勤めているデザイン事務所代表の前田さんに話したら、「それなら、うちの会社でコミュニティ事業をするのはどう？」と誘ってもらって、入社を決めました。

## パートナーとの家事育児分担

ライターになろうと思ってがんばってるときに、夫から「家に気持ちが向いてない感じがするけど大丈夫？」と言われて、責められてると思い込んでしまって、衝突したことがあります。夫は鍼灸師なのですが、私と知り合ったあとに資格を取って0から今の仕事を始めました。その下積み時代を支えてきたこともあって、「私もやりたいことが見つかったから応援してほしい」と泣いて訴えたら、「具体的に何をしてほしいか言ってほしい」と言われました。私の場合、家事育児をやってもらえなくて不満というよりも、自分で勝手に「いいお母さんに見られないといけない」と無理をしてしまうタイプ。でもその一言で、頼れるところはちゃんと夫に頼ったほうがいいな、と気がつきました。

## これからフリーランスを目指す人へ

今でこそクリエイティブな業界にいますが、私はもともとやりたいことがあった人間ではありません。家族がいて職場があって、サードプレイスとしてのコミュニティがあったおかげで可能性が開けました。オンラインコミュニティは自分の都合のいい時間に参加できるので、働くお母さんにもおすすめです。普通に生活しているだけだと考えが近い人が集まりがちですが、ネット上には自分の常識では考えられないような人もいて、世界が広がります。

私にとっては、フリーランスか会社員かという働き方ではなくて、一緒に働く人や環境が大切。一度フリーランスになってもまた会社員に戻る時期があったり、自分がやりたいことをやれる場所にいる、というのが一番なんじゃないかと思っています。

子育て
フリーランスの
リアル
5

ファイナンシャルプランナー **小谷晴美**さん

55歳、独立系ファイナンシャルプランナー。個人事業主の夫、大学生の娘と3人暮らし。夫の独立開業を機にFP資格取得。生協の組合員活動として講師業を開始。得意分野は女性の起業支援。趣味はFB。

## ファイナンシャルプランナーってどんな仕事?

私は「独立系」のファイナンシャルプランナー（通称FP）として、銀行や保険会社などの金融機関に所属せずフリーで働いています。フリーであるメリットは保険や金融商品を販売する必要がないことです。だから中立的な立場でお客様の相談に乗ることができます。

個人相談や企業でのセミナーなども行いますが、「お金について自分で判断できる安心」を得ていただくため、初心者向けのマネー講座や確定申告セミナーなども主催しています。またタイムリーにお金の情報を届けるため、メルマガやSNS等で発信もしています。

## フリーランスになったきっかけ

もともと「中小企業診断士」という資格を持っていて、それを活かして経営コンサルタントの会社で働いていました。妊娠したことをきっかけに会社を辞め、その頃夫が独立開業することになったんです。簿記の知識もあったので「経理くらい私がやるよ」と手伝い始めたのですが、やってみたら法人税と所得税とでは考え方が全然違って戸惑いました。また、夫にもしものことがあったら、と不安になって勧められるままに保険に加入しようとすると月10万円近い保険料になったことがあり、「これはおかしい」とさらに不安になりました。

そんな経験から、お金のことを自分で判断できるようにならないと不安は消えないと思い、まずFP3級の勉強から始めて、2010年に1級レベルのCFPを取りました。はじめは知らないことだらけで「こんな大切なことを、なぜ今まで教えてくれなかったのか！」「国も金融機関も国民が知らない方が都合ええんちゃう？」と腹が立ってきて、「だったら私が喋ったろう！」と、生協の組合員さんにお金の知識を伝える活動を始めたのがスタートです。

## 仕事の繋げ方、営業方法

現在、私のクライアントの8割以上がフリーランスの女性です。生協で活動している頃から、私の周りには「子育てをしながらも何か始めたい」「趣味を活かして仕事をしたい」という女性が多く、「起業のお金」について相談を受けることもありました。よく相談されることをブログに書き発信しているうちに、起業に興味がある女性を集めてお茶会やセミナーを開いてくださる方もいて、気が付けば知り合いは女性起業家だらけになっていました。職種もヨガ講師、カメラマン、料理研究家、占い師、イラストレーター、デザイナー、ライター、着付けの先生、ハンドメイド作家、カラーコーディネーターなど様々です。

## パートナーとの家事育児分担

夫は激務でほとんど育児に参加ができず、孤独な育児で当時はそれがすごくつらかったです。彼にとっても独立直後の勝負時で、私たちのためにも必死で頑張ってくれている、だから仕方がないことと思っていました。

一度だけ、限界がきて「もっと手伝ってほしい」と不満をぶつけたら、けんかになって翌日から赤ちゃんだった娘の顔を夫に見せない作戦で戦ったこともありました(笑)。

娘がまだ小学生だったころ、金融機関での研修のお話をいただきました。3泊の出張研修だったので、夫の協力がないと無理な仕事でしたが、相談したら快く応援してくれました。日常の育児は協力できない状況だったけれど、私の仕事ためにスケジュールを調整してほしいとお願いしたとき、夫からNOと言われたことは一度もありません。

イクメンを見かけると羨ましくはなりましたけど、「よそはよそ！」と割り切ることも大事だなと思いました。

## これからフリーランスを目指す人へ

２０２０年に『小さく始めて夢をかなえる！「女性ひとり起業」スタートBOOK』という本を出しました。FPとして一歩踏み出したとき、まさか私が出版するなんて考えもしませんでした。相談を受けたり、少人数のセミナーを行ったりするうちに、「お金の不安がなくなればもっと自由に活躍できるはず、この情報を全国の女性起業家に届けたい」という想いを持つようになりました。最初に企画書を出した出版社では編集会議で落とされてしまいましたが、諦めきれず色んな人に夢を語っていたら、新たに出版社を紹介していただいて夢を叶えることができました。

想いを持って行動し続ければ、きっと結果はついてきます。「何をしたら良いのか」と迷ったり「停滞しているな」と感じたりしたときは、これまでを振り返り徹底的に自己分析をしてみましょう。大切にしたい価値観や発揮できる強みに気づいて、やりたいことを明確にし、発信をしたり、人に会ったり、行動を起こすことをおすすめします。

# 子育てフリーランスのための
# お役立ちBOOK

私が子育てフリーランスとして
活動するなかで、参考になった本を
ご紹介します。どれも、職種を問わず
使える内容ばかりなので、
気になるものからぜひ読んでみてくださいね!

## 『小さく始めて夢をかなえる!「女性ひとり起業」スタートBOOK』

小谷晴美
(コスミック出版/2020)

500名以上の女性起業家やフリーランスの相談実績のある小谷先生のリアルな体験と知識が詰め込まれています。仕事の見つけ方から自己分析ワーク、扶養から外れるタイミングなど、子育てフリーランスが気になるテーマがたくさん! 確定申告が簡単にできるExcel帳簿もついていてお値段以上の一冊です。

## 『世界一やさしいフリーランスの教科書 1年生』

高田ゲンキ
(ソーテック社/2019)

まさにフリーランスの教科書のような本です! 私の愛読書でもあります! これからフリーランスになる人も、フリーランス経験者が読んでも参考になるはずです。具体的な仕事受注から納品までの流れ、マーケティング、営業、メンタルケアまで幅広い知識を学ぶことができます。

## 『主婦業9割削減宣言』

唐仁原けいこ

（中央公論新社／2021）

時短家事や整理収納のノウハウだけでなく、家事に対する固定観念が変わる本です。唐仁原さんが、家事ひとつひとつに対して、「それは本当に必要なのか？」と疑問を持ち、暮らしやすいように実践する様子がとてもリアル。「～ねばならない」と思って無理をして頑張っていたこともこの本を読んで心が軽くなりました。

## 『書く習慣 ～自分と人生が変わるいちばん大切な文章力』

いしかわゆき

（クロスメディア・パブリッシング／2021）

どんな仕事でも「書く力」があると役に立ちます。しかし、「何を書けばいいかわからない」「書くって難しい」って思っちゃいますよね？ この本は、そんなモヤモヤを溶かしてくれます。文末にある「書く習慣1ヶ月チャレンジ」シートなど、書くことが楽しくなるポイントがちりばめられています。

## 『起業家が知らないとヤバい契約書の読み方』

藪田崇之

（秀和システム／2020）

「契約書のことでクライアントと揉めたくない。でも弁護士に相談したらお金がかかりそう」と悩んでいたときに助けられた一冊です。ベンチャー企業支援専門弁護士が、契約書の読み方や言葉の意味、よくある契約ミスのパターンなどを教えてくれる入門書。契約書の雛形もあり、とても参考になりました！

## 〈おわりに〉
# やっと見つけた「いい感じ」の働き方

今こーんなに家事が
楽になったのは私が働いた
おかげで～す!!
へへーン
せやな
ママ
すごいネン!
今では、この通り
夫婦仲よく…
正直、イラスト描くなんて
趣味程度やと思ってたわ
ズバン
あん!?
もっぺん
言ってみいい!?
ギイイ
…ないことも
やっぱりあります
だけど、
あっ
プス…
じと
「言い合い続ける」ことは
減りました
イラッとしたときは、
自分の胸に手を当てて…
心のナレーションを
はじめます
す
ダジャーン
夫とすれ違い、二度と同じ悲劇を
繰り返さないと立ち上がった
カワグチマサミ
しかし!
気づけばまた瞬間湯沸かし
器のように怒ってしまう
プロジェクトZ
家庭再生への
道
なぜ彼女は怒るのか!?
その理由はなんなのか!?

それは
本気で取り組んでいる仕事を趣味だと言われて悲しかったからである
今はちゃんとわかってる
それならよかったである
いつまでナレーションつづくんや
これは綺麗事って言われるかもしれんけど…
昔の私みたいに、無理をして子育てしながら働く人たちに向けて
「いい感じ」で働くための本を作りたいねん
そういう親が増えたら大人だけじゃなくて子どもたちも
好きな仕事をしたり生きやすくなるんじゃないかなって
やりたいことがあるのはいいと思う
ガンバレ
そのためにもあなたには私とともに恥さらしの犠牲になっていただく
じゃあ新作ゲーム買っていい？
もちろん!!私も買う!!
それに2人のやりたいことも応援したい！
トゥンク☆

ぼく、大きくなったら科学者になりたいネン！
人とか自然とかよくするやつ!!
素晴らしい～！学費稼がにゃ！
ええやん
パパは？
ワクワク
おれは…
今の仕事を細く、長く、トラブルなく続けられたら…
地味!! だけど大切！
こうやって家族のやりたいことを共有することで、
クビになってもいいくらい私が働けばいいと！
ぼくも大人になったら働くからな
ポン
縁起でもないこと言わんといて…
私たち家族は、お互いを応援しあえる「チーム」になりました
今まで何度もぶつかったし
ああ、もう止まらない
そっちが仕事をセーブしたら!?
そんなん無理ってわかってるやろ！
ソウちゃんも小さいし、いそうやんか
傷つくこともたくさんありました
そんな簡単に「セーブしたら」なんて言わないでよ！
今日は休日ですけどー!?
話し合う気なしかーい
おいおーい
だけど向き合うことで今までの「失敗」が糧となり「経験」になりました

息子もあっという間に成長しました
ぼくも早く働きたいネン!
ピョーン
ピョーン
へ?
息子の前では、仕事が大変ってことをたくさん見せてきたのに…
スミマセンスミマセン
マダマダデス
お金ほしいネン
好きな仕事をするのは「楽じゃないけど楽しい」ってちゃんと伝わってたのかな
いつかこの子も社会に出て働くときが来る
だけどどれだけ勉強したって
どれだけ有名な会社に入ったって
人生は何が起こるかわからない
だから何かが起こるのを怖がるんじゃなくて
何が起こっても大丈夫と思えるように
子どもは遊ぶのが仕事だよー
そんなんでええんか
大人になれば理不尽なこともあるから今のうちに…
自分を信じて生きていけるように

ワクワクすることに出会って、
それを育てることができたら
ABC
それは、この子にとって
一番の味方になってくれる
そのためにも、たくさん
ワクワクする仕事をしよう
私自身が経験して
子どもに伝えられるように
誰かを幸せに
するには
あっ
本の企画
通ったって!
自分が幸せに
なることから
はじまるから
やったネン!
おー
おめでとう
そして、いつか育児が
終わるときが来ても
自分の人生を楽しめるように
誰かのためとか
何かのためじゃなくて
自分のために、
自分がやりたいことを
自分の心に聞いて
自分で考えて、行動して
叶えてあげよう


本の感想や意気込みなど「#子育てフリーランス本」でSNSに書いてもらえたら読みに行きます!

## カワグチマサミ

1984年、大阪生まれ。2010年から漫画家・イラストレーターとして活動を始める。その後、結婚し2012年に男の子を出産。産後に働きすぎて体調を崩してから、「スキあらばゴロゴロ」をモットーに働いている。現在は育児しながら、エッセイ漫画を描いたり、子育てフリーランスに向けた講演会に登壇している。著書に『新米かーちゃんが「テケトー料理」をはじめたら、どエライことになりました。』(主婦の友社)『ゼロからわかる お金のきほん』(高橋書店)がある。

Twitter/Instagram　@kawaguchi_game

# 子育てしながらフリーランス

2021年11月30日　第1刷発行

著　者　　カワグチマサミ
装　幀　　小口翔平＋加瀬梓＋阿部早紀子（tobufune）

発行者　　小柳学
発行所　　株式会社左右社
東京都渋谷区千駄ヶ谷3丁目55-12
ヴィラパルテノンB1
TEL　03-5786-6030
FAX　03-5786-6032
http://www.sayusha.com
印刷所　　創栄図書印刷株式会社


ISBN978-4-86528-053-1